비즈니스를 위한
법칙상식

비즈니스를 위한 법칙상식

| 정재학 지음 |

추수밭

■ 머리말

일 잘하는 사람들의 특별한 '비밀'!

스티브 잡스는 프레젠테이션을 3막 구조로 만들고 중요한 내용은 세 가지로 압축해서 설명한다. 사람들이 3이라는 숫자에서 안정성을 느낀다는 '3의 법칙'을 잘 알고 있기 때문이다. 또한 아리스토텔레스가 수사학의 기본이라고 주장했던 '설득의 3원칙'인 파토스와 에토스, 로고스를 적절하게 안배해서 프레젠테이션을 진행하고 있는 모습도 볼 수 있다.

이렇게 일 잘하는 사람들은 자연의 이치와 사람들의 습성에서 비롯된 다양한 법칙들을 잘 알고 있다. 계절이 바뀌고 꽃이 피고 열매를 맺는 데 세상의 이치가 있듯이 사람들이 살아가는 방법에도 그런 이치가 있다. 한 사람, 한 사람의 생각하는 방식, 일하는 비결, 반복적이고 규칙적인 습관 등이 모여 하나의 이치를 이룬다. 우리는 이것을 '법칙'이나 '효과'라고 부른다.

세상의 이치를 잘 아는 사람은 조금이라도 빨리 일의 본질에 다가설 수 있다. '일머리'가 좋다는 것도 결국 일의 본질을 잘 알고 있다는 것을 의미한다.

이 책에서는 비즈니스 현장에서 활용하기 좋은 법칙과 효과들을 업무 영역별로 묶어서 소개하고 있다. 기획과 프레젠테이션, 협상과 의사 결정, 영업과 마케팅, 인사관리와 위기관리 등으로 분야를 나누

긴 했지만 이러한 구분에 크게 얽매일 필요는 없다. 어차피 법칙이란 자연이나 인간을 관통하는 하나의 큰 흐름이기 때문에 어느 곳에 갖다 놔도 척척 들어맞는다. 기획의 법칙을 마케팅에 적용하거나 프레젠테이션의 법칙을 영업에 활용해도 크게 무리가 없을 것이다.

'법칙'은 앞서 걸어간 사람들이 세워둔 이정표와 같다. 또 모든 인간의 마음속에 자리 잡고 있는 변할 수 없는 속성이기도 하다. 그 길을 따라서 걷는 것만으로도 그 속에 압축되어 있는 깊은 지혜를 배울 수 있고 그것을 통해 수많은 시행착오를 줄일 수 있을 것이다.

법칙은 지속적으로 반복되는 특징을 가지고 있다. 남들과 다르게 일하는 특징들이 쌓이고 모이면 비결이 되고 그것이 하나의 법칙이 되기도 한다. 성공한 사람들에게는 성공의 법칙이 있고 실패한 사람들에게도 실패의 법칙이 있다. 구체적으로 표현하지는 못하더라도 아마 많은 사람들이 자신만의 특별한 일하는 방식 하나 정도는 갖고 있을 것이다.

필자 역시 이 책을 쓰면서 또 하나의 일하는 법칙을 터득하는 '기쁨(!)'을 누릴 수 있었다. 법칙에는 처음 고안한 사람의 이름이 붙어 있는 경우가 많다. 모두 자신의 이름을 딴 법칙을 하나 정도 만들겠다는 자세를 가져보는 것은 어떨까? 그 법칙이 험난한 비즈니스 세계를 헤쳐 나가는 데 소중한 '길잡이'가 되어 줄 것이다.

■ **차례**

머리말 일 잘하는 사람들의 특별한 '비밀'! 4

비즈니스 1단계 _ planning

'유혹하는 기획서' 작성을 위한 법칙

Episode 회사의 운명을 바꾸는 냅킨 한 장 16

아이디어를 폭풍처럼 쏟아내라 **브레인스토밍** 20
　　비즈니스 상식　브레인스토밍을 위한 7가지 체크리스트 22
기획서 잘 쓰려면 세 가지를 많이 하라 **구양수의 삼다법** 23
　　비즈니스 상식　과묵한 직원이 많을 때는 말 대신 글로 25
기획서 쓸 때 꼭 불러야 할 여섯 명의 하인 **5W1H 6하원칙** 27
　　비즈니스 상식　FBI도 울고 갈, 정확한 시장조사 기법 FGI 29
다섯 번만 '왜'라고 물으면 해답이 저절로! **도요타의 5Why** 30
　　비즈니스 상식　나를 알고 너를 알고 고객까지, 3C 분석 32
마음속 생각한 것이 눈에 쏙쏙 들어온다 **컬러배스 효과** 33
　　비즈니스 상식　보안이 필요한 기획서에는 워터마크 꼭 찍어라! 35
충동구매에도 단계가 있다고? **아이드마 법칙** 36
　　비즈니스 상식　머릿속 생각을 그린다, 마인드맵 38
아이디어를 샘솟게 하는 특별한 원리 **트리즈** 39
　　비즈니스 상식　제록스를 살려낸 벤치마킹 41
고객 마음속 사다리에 올라타라 **사다리 법칙** 43
　　비즈니스 상식　목표 달성은 '스마트'하게 45

청중을 사로잡는 프레젠테이션 법칙

Episode 말더듬이에서 최고의 연설가가 된 데모스테네스 48

박지성이 월드컵 유치 프레젠테이션에 등장한 이유 **아리스토텔레스의 설득 3원칙** 52
    `비즈니스 상식` 파워포인트는 언제 처음 나왔을까? 54
입으로 말하지 말고 몸으로 말하라 **메라비언의 법칙** 55
    `비즈니스 상식` 스티브 잡스와 앙드레김의 공통점? 58
엘리베이터에 타서 내리기 전에 끝내라 **엘리베이터 피치** 59
    `비즈니스 상식` 엘리베이터 피치 때 꼭 필요한 NABC 61
맥킨지 사람들의 일 잘하는 비밀 **MECE | 로직트리** 62
    `비즈니스 상식` 슬라이드는 갈지자로 써라? 65
가벼운 사례로 시작하라 **EOB 법칙** 65
    `비즈니스 상식` 명연설자는 모두 말더듬이? 67
처음 30초, 마지막 30초에 집중하라 **초두효과 | 최신효과** 68
    `비즈니스 상식` 프레젠테이션 할 때 뭘 입을까? 71
중요한 것은 세 가지로 말하라 **3의 법칙** 71
    `비즈니스 상식` 8자리 전화번호가 잘 안 외워지는 이유 75

비즈니스 2단계 _ communication

내 뜻대로 상대를 움직이는 협상의 법칙

Episode 공무원 연봉 동결시키고도 박수받은 레이건 대통령 80

큰 숫자는 작게 쪼개서 보여줘라 **퍼니 머니** 83
    `비즈니스 상식` 협상이 곧 사업, '네고'의 유래 86
큰 부탁을 할 때는 작은 부탁부터 '야금야금' **풋 인 더 도어** 86
    `비즈니스 상식` 이것 안 받으면 협상은 원천 무효! '딜 브레이커' 88
큰 부탁이 어렵다면 작은 부탁이라도 **도어 인 더 페이스** 88
    `비즈니스 상식` 평범한 보험 세일즈맨이 만년필 개발에 나선 이유는? 90

일단 저질러 놓고 수습은 나중에 **로볼 전술** 91
    비즈니스 상식　M&A, 흡수하거나 자회사로 두거나 93
처음에 크게 질러야 술술 풀려 **하이볼 전술** 93
    비즈니스 상식　협상의 진정한 승자는 누구? 제로섬과 윈윈 95
한 사람은 뺨 때리고, 한 사람은 달래고 **좋은 형사 나쁜 형사 전술** 96
    비즈니스 상식　뜨거운 감자, 먹을까 뱉을까? 99
얇게 썬 소시지처럼 조금씩 챙겨라 **살라미 전술** 100
    비즈니스 상식　MOU는 결혼 계약이 아니라 연애 계약 101
이기고도 진다? **승자의 저주** 102
    비즈니스 상식　"적대적 M&A를 막아라" 낙하산 타고, 독약 삼키고 105
싸게 샀는데 왜 기분이 찜찜하지? **승자의 속박** 106
    비즈니스 상식　양보할 수 없는 마지막 보루, '바트나' 108
엉뚱한 미끼를 던져 상대를 교란시켜라 **레드헤링** 109
    비즈니스 상식　협상 한 번으로 전쟁도 막고 땅도 얻고 111

현명한 선택을 도와주는 의사 결정 법칙

Episode 동네 주민회의에서 유래된 GE의 타운미팅 114

분위기 깰까 봐 반대를 못했다고? **애빌린의 역설** 118
    비즈니스 상식　1년에 회의만 28억 번? 121
오! 그거 딱 내 얘기인데? **바넘 효과** 121
    비즈니스 상식　CEO는 원래 군대 지휘관? 124
회의 때 정면에 앉은 사람을 조심하라 **스틴저 효과** 125
    비즈니스 상식　회의는 몇 명이 할 때 효과적일까? 128
화장실 변기에 파리를 그려 넣은 이유는? **넛지 효과** 128
    비즈니스 상식　다양한 종류의 회의, 어떻게 다를까? 130
10분, 10개월, 10년을 고민하라 **10-10-10 법칙** 131
여럿이 모이면 극단적이 되는 이유 **극화 현상** 134
    비즈니스 상식　도요타의 의사 결정 회의체, 자주연구회 135

비즈니스 3단계 _ marketing

고객을 내 편으로 만드는 세일즈 법칙

Episode 최고의 세일즈맨을 만든 하얀 손수건 한 장 140

한 번 영업으로 250배 효과를! **조 지라드의 250명 법칙** 144
사람은 북적거리는데 매출은 왜 안 오를까? **부딪침 효과** 147
      비즈니스 상식   백화점에 없는 세 가지 149
15초, 결정적 순간을 잡아라 MOT | **곱셈의 법칙** 150
장의사도 단골 고객이 필요하다고? **부메랑 법칙** 152
      비즈니스 상식   무료 서비스만 쏙쏙, 얄미운 체리피커 155
싫다고 내쫓아도 자꾸 보면 정든다 **에펠탑 효과** 156
      비즈니스 상식   고객 얼굴 잊을라, 제록스의 '페이스 투 페이스' 159
중간 가격대에 승부를 걸어라 **송죽매의 법칙** 159
      비즈니스 상식   VOC, 고객의 목소리에 귀 기울여라 162
영업 잘하려면 유대인들처럼 **78:22의 법칙** 162
      비즈니스 상식   노드스트롬 백화점의 한 줄짜리 매뉴얼 164
중고차 팔 때는 고물차부터 보여줘라 **대조 효과** 164
명품 백만 봐도 가슴이 콩닥콩닥 **스탕달 신드롬** 166
잊히지 않으려면 미련을 남겨라 **자이가르닉 효과** 168

소비자의 마음을 파고드는 마케팅 법칙

Episode 우리 집 치킨은 정말 행복해요! 172

TV만 봤을 뿐인데 왜 이리 식욕이 당길까? **서브리미널 효과** 175
      비즈니스 상식   효과적인 마케팅을 위한 4P 178
스타벅스 커피 마시고 뉴요커가 되어보세요 **파노플리 효과** 179
상품이 안 팔리면 가격을 올려라? **베블런 효과** 181
한가지 잘 팔리면 시리즈로 팔아라 **디드로 효과** 183

20이 80보다 훨씬 크다? **파레토 법칙** 185
    비즈니스 상식 브랜드라는 단어의 유래 188
비인기 상품의 서러움, 이제 안녕! **롱테일 법칙** 188
노스페이스는 어떻게 중고생 교복이 됐을까? **밴드왜건 효과** 191
남들 다 사는 물건은 절대 안 사! **스놉 효과** 194
    비즈니스 상식 물건 사지 말라고 광고하는 디마케팅 195
본전 생각, 빨리 잊는 게 상책! **콩코드 오류** 196
    비즈니스 상식 IT의 4대 천왕 'TGIF' 198
어느 날 갑자기 대박 터지는 이유 **티핑포인트 법칙** 199
    비즈니스 상식 21세기 최고의 히트 상품은? 201

비즈니스 4단계 _ management

우리 팀을 '드림팀'으로 만드는 법칙

Episode 회사 물건 마음대로 갖다 쓰세요! 206

인센티브도 지나치면 '독' 된다 **여키스-도슨의 법칙** 210
다양한 사람들이 모인 부서가 잘 굴러가는 이유 **메디치 효과** 211
    비즈니스 상식 중세 유럽의 은행은 벤치였다? 214
혼자선 잘하는데 왜 팀에 오면 힘을 못 쓸까? **링겔만 효과** 215
    비즈니스 상식 프로덕트 매니저란? 217
우리 팀 실적? 꼴찌에게 물어봐! **리비히의 법칙** 217
승진은 실력이 아니라 외모 순? **후광 효과** 219
    비즈니스 상식 카리스마는 신의 은총? 222
일은 그대로인데 직원만 늘어나는 이유 **파킨슨 법칙** 222
똑똑한 사람들만 모아놓으면 성과가 오를까? **아폴로 신드롬** 227
    비즈니스 상식 태스크포스는 군대 조직 이름? 229
일할 사람 많으면 서로 눈치만 보는 이유 **방관자 효과** 229
근무 환경 나빠졌는데 왜 생산성은 늘었을까? **호손 효과** 232
    비즈니스 상식 업무 시간에 마음껏 즐기라고? 10퍼센트, 15퍼센트, 20퍼센트 룰 235

승진을 거듭할수록 무능해지는 이유 **피터의 원리 235**
　　　비즈니스 상식　샐러리맨은 소금 받는 사람 238
어느 회사나 그런 상사 꼭 있다! **딜버트의 법칙 238**
상사와 부하의 적절한 거리는 얼마? **고슴도치 딜레마 242**
　　　비즈니스 상식　역사상 최초의 멘토는 누구? 243
사내 인재 놔두고 외부 인재 모셔오는 이유 **메기 효과 244**
조각상을 사람으로 만든 믿음과 기대 **피그말리온 효과 246**
　　　비즈니스 상식　영화에 등장한 피그말리온, '마이 페어 레이디' 249
믿는 대로 이루어지는 긍정의 힘, 부정의 힘 **플라시보 효과 | 노시보 효과 249**
먹고살기 위해서 일하는 건 아니라고? **매슬로의 욕구 5단계설 251**
　　　비즈니스 상식　일하기 좋은 기업이 실적도 좋다, GWP 254

똑똑한 위기관리를 위한 법칙

Episode 독극물 위기를 헤치고 나온 존슨앤드존슨 256

무작정 잘될 것이라는 생각은 버려라 **스톡데일 패러독스 260**
　　　비즈니스 상식　메이저리그 최고의 실패자, 베이브 루스 262
사고는 소리를 내면서 온다 **하인리히 법칙 263**
　　　비즈니스 상식　현정은 회장의 못 이룬 '미시온 쿰플리다' 266
문제는 가장 사소한 곳에서 시작된다 **깨진 유리창 법칙 266**
뒤로 넘어져도 코가 깨진다고? **머피의 법칙 | 샐리의 법칙 269**
　　　비즈니스 상식　전략은 무시무시한 전쟁 용어? 272
우연을 행운으로 바꾸는 마법 **세렌디피티 효과 273**
　　　비즈니스 상식　얼굴 빨개지지 않을 만큼만 해라 276
확대냐 안정이냐, 그것이 문제로다 **알렉산더 딜레마 277**
　　　비즈니스 상식　알렉산더는 어떻게 고르디우스의 매듭을 풀었을까? 278
서양에도 손자병법이 있다고? **란체스터 법칙 279**
큰 회사 셋만 살아남는다 **빅3 법칙 282**
　　　비즈니스 상식　위기 대응 위한 세 가지 시스템 284

— 비즈니스 1단계 —
planning

비즈니스 1단계 ──
planning

'유혹하는 기획서' 작성을 위한 법칙

직장생활을 시작한 지도 어언 몇 년째인 당신.
한데 아직도 기획안을 쓸 때마다 머리를 쥐어뜯지는 않는지?
여기 당신의 기획안을 빛나게 해줄 유용한 법칙들을 소개한다.
딱딱하게 굳은 머릿속에 '폭풍'을 일으켜줄 발상법부터 글쓰기의 기본 법칙들까지.
이 법칙들을 잘 활용해 기획서를 작성한다면, 상사와 동료들에게
아이디어 넘치는 직원으로 인정받을 수 있을 것이다.

아이디어를 폭풍처럼 쏟아내라 **브레인스토밍**
기획서 잘 쓰려면 세 가지를 많이 하라 **구양수의 삼다법**
기획서 쓸 때 꼭 불러야 할 여섯 명의 하인 **5W1H 6하원칙**
다섯 번만 '왜'라고 물으면 해답이 저절로! **도요타의 5Why**
마음속 생각한 것이 눈에 쏙쏙 들어온다 **컬러배스 효과**
충동구매에도 단계가 있다고? **아이드마 법칙**
아이디어를 샘솟게 하는 특별한 원리 **트리즈**
고객 마음속 사다리에 올라타라 **사다리 법칙**

Episode

회사의 운명을 바꾸는 냅킨 한 장

"자, 천천히 식사하시면서 잠깐 제 설명을 들어보세요."

벤처기업가로 보이는 한 젊은이가 식탁 위에서 냅킨만 한 종이에 뭔가를 쓰면서 상대방에게 열심히 설명을 하고 있다.

"이렇게 생긴 제품입니다. 100퍼센트 온라인에서 판매할 것이고, 재고 부담이 없기 때문에 현금 흐름도 원활합니다."

벤처 비즈니스의 본산이라고 할 수 있는 실리콘밸리의 저녁 시간, 식당 테이블마다 흔히 볼 수 있는 풍경이다. 새로운 아이디어를 물색하는 투자자들과 그들로부터 투자를 받고 싶어 하는 벤처기업가들 사이에서 팽팽한 탐색전이 벌어진다.

실리콘밸리 사람들에게는 '냅킨 분석'이라고 불리는 독특한 커뮤니케이션 방식이 있다. 경영진들이 투자자나 사업 파트너들과 만나 식사를 하는 동안 즉석에서 냅킨에 제품 이미지나 사업의 개요, 현금 흐름 등을 간단하게 설명하는 것이다.

냅킨 분석은 냅킨 한 장 정도의 분량으로 사업의 핵심을 일목요연

하게 표현하는 것이다. 투자자의 마음을 움직이려면 짧은 시간 안에 문제의 핵심을 간결하면서도 강력한 메시지로 전달할 수 있어야 한다. 그것이 모든 기획의 본질이기도 하다.

벤처 캐피털 회사의 투자 담당자들 책상 위에는 투자자의 손길을 애타게 기다리는 각종 제안서와 사업 계획서들이 언제나 수북이 쌓여 있다. 그중에는 '사업백서'를 방불케 하는 엄청난 분량의 사업 제안서에서부터 깔끔한 디자인의 표지로 꾸며진 세련된 신상품 기획서에 이르기까지 다양한 문서들이 포함되어 있다. 하지만 복잡하고 군더더기 많은 기획서라면 투자자는 물론 기획서를 작성한 담당자 자신도 두 번 다시 꺼내 읽어보고 싶지 않을 것이다.

위기에 빠진 GE를 살려낸 잭 웰치의 혁신도 '세 개의 원Three Circle'이라고 불리는 유명한 냅킨 메모에서 시작됐다.

"어떻게 하면 비대해진 조직의 GE를 살려낼 수 있을까?"

회사 문제로 고민하던 잭 웰치는 식사 중에 테이블 위에 놓여 있던 냅킨에 자신의 구상을 간단하게 메모하기 시작했다. 냅킨에 커다란 동그라미 세 개를 그리고, 각 원 안에 GE가 앞으로 꼭 해야 할 사업 부문을 분야별로 구분해서 적어 넣은 것이다.

"그래, 이 세 개가 우리 회사의 핵심이지. 이 동그라미 안에 들어가지 않은 사업 부문은 모두 팔아치우거나 문을 닫거나 고쳐야 할 대상이라고 생각하자."

결국 냅킨에 적은 아이디어대로 잭 웰치는 GE의 구조조정을 단행했고 결국 성공할 수 있었다. 동그라미 세 개로 공룡 같았던 조직을 일거에 다이어트 할 수 있게 된 것이다.

미국의 대표적인 저가 항공사인 사우스웨스트 항공사는 한 장의 냅킨 메모 아이디어에서 시작되었다. 롤린 킹이라는 사업가는 어느 날 저녁 자신의 변호사인 허브 켈러허를 만난 자리에서 식사 도중에 냅킨을 탁자에 펼쳐놓고 뭔가 적기 시작했다. 롤린 킹은 세 곳의 도시 이름을 냅킨에 적고 그 도시들을 펜으로 연결하면서 설명했다.

"모든 사람이 즐겨 찾는 몇몇 대도시를 운항하는 것보다 텍사스 내의 가장 큰 도시 세 지역만 운항하는 소규모 항공사를 운영하면 좋지 않겠어요?"

몇 년 뒤 허브 켈러허는 냅킨에 적힌 세 도시를 운항하는 사우스웨스트 항공사의 설립을 도왔다. 또 초대 CEO였던 롤린 킹에 이어 사우스웨스트 3대 CEO에 올랐으며, 2008년까지 30여 년에 걸쳐 사우스웨스트 항공사를 성공적으로 경영했다.

사우스웨스트 항공사는 효율적인 운영과 편 경영이나 고객만족경영 등을 결합한 다양한 마케팅 방법을 통해 모든 항공사가 불황에 빠진 와중에도 고속 성장을 거듭하며 세계 항공 회사 역사에 남을 만한 놀라운 업적을 기록했다. 이 같은 사우스웨스트 항공사의 성공도 바로 간결한 한 장의 메모에서 출발한 것이다.

만약 롤린 킹이 허브 켈러허에게 항공 산업의 과거와 현재, 미래, 그리고 항공업계의 현주소에 이르기까지 고리타분하고 뻔한 내용이 담긴 수백 장짜리 사업 계획서를 내밀었다면 어떻게 됐을까? 모르긴 해도 아마 표지를 열어보지도 않고 쓰레기통으로 던졌거나 종이가 아깝다고 이면지로 재활용했을 것이다.

아이디어를 폭풍처럼 쏟아내라
브레인스토밍

"이 아이디어로는 너무 약해. 도저히 광고주에게 보여줄 수 없겠는걸. 뭔가 좋은 아이디어가 없을까?"

1941년 미국의 광고회사 BBDO^{Batten, Barton, Durstine and Osborn}의 부사장이었던 알렉스 오즈번^{Alex Osborn}은 깊은 고민에 빠졌다. 새로운 광고를 제작하면서 광고주의 눈길을 확 끌 만한 특별한 아이디어를 떠올리지 못했기 때문이다.

"도저히 안 되겠다. 카피라이터와 디자이너, 영업 담당자들 모두 회의실로 들어오라고 하세요. 함께 모여서 회의를 해야겠어."

"디자이너와 영업 담당자까지요?"

"그래요."

당시만 해도 광고업계는 철저한 분업 체계였기 때문에 서로 다른 업무를 담당하는 사람들이 한자리에 모이는 일은 거의 없었다. 카피라이터는 카피만 쓰면 됐고 디자인은 디자이너의 몫이었다. 광고 영업자들은 광고 제작과는 상관없이 영업만 하러 다녔다.

오즈번은 광고 아이디어를 짜내기 위한 새로운 방법으로 카피라이터와 디자이너, 영업 담당자 등을 모두 회의에 참가시켜 자유분방한 분위기에서 아이디어 회의를 진행했다.

"그래, 좋은 아이디어야. 자네 영업만 잘하는 줄 알았는데 언제부터 그렇게 좋은 아이디어를 많이 가지고 있었던 거야?"

"앞에 나온 여러 가지 의견에 제 생각을 조금 덧붙인 건데요 뭘."

오즈번은 이러한 회의 방법이 효과를 거두자 회사 전체에 적용시켰고, 이것을 '브레인스토밍Brainstorming'이라고 불렀다. 머리를 회전시켜서 아이디어가 폭풍처럼 쏟아져 나오게 한다는 의미다.

매일매일 수많은 직장인이 쌈박한 기획서를 만들기 위해 머리를 싸매고 고민하고 있고, 또한 톡톡 튀는 기발한 아이디어를 떠올리게 해준다는 다양한 발상법들이 그들을 유혹하고 있다. 하지만 그 수많은 아이디어 발상법 가운데 '원조'를 꼽자면 단연 브레인스토밍 기법을 들 수 있다. 나머지 아이디어 발상법들은 대부분 브레인스토밍을 응용한 것에 지나지 않는다.

물론 사람들이 머리를 맞대고 앉아 있다고 해서 좋은 아이디어가 폭풍처럼 쏟아져 나오는 것은 아니다. 오즈번은 효과적인 브레인스토밍을 위한 네 가지 규칙을 직접 만들어 회의에 적용시켰다.

첫째, 어떤 아이디어가 나오더라도 절대 미리 평가하지 말 것.

둘째, 어떻게 받아들여질지 걱정하지 말 것.

셋째, 시원찮은 아이디어라도 무조건 많은 아이디어를 낼 것.

넷째, 수많은 다른 아이디어를 조합해서 전혀 새로운 아이디어를 낼 것.

이것이 바로 브레인스토밍 기법의 핵심이다.

브레인스토밍은 서너 명이 할 수도 있고 20~30명도 할 수 있다. 하지만 6~12명 사이가 가장 적당한 것으로 알려져 있다. 또 시간도 중요한 변수다. 무작정 길게 끈다고 아이디어가 많이 나오는 것이 아니기 때문에 30분 안팎의 짧은 시간 동안 집중적으로 아이디어를 쏟아내도록 하는 것이 중요하다.

좌뇌식 사고방식을 통한 창의력 개발에 관심이 많았던 알렉스 오즈번은 1953년 창의력 개발을 위한 교육 방법을 담은 책 《독창력을 신장하라 Applied Imagination》를 출간했고, 1964년에는 뉴욕 주에 창의력교육협회를 설립하는 등 광고인으로서뿐 아니라 창의력 교육자로도 큰 업적을 남겼다.

● 비즈니스 상식 ●

브레인스토밍을 위한 7가지 체크리스트

알렉스 오즈번은 브레인스토밍을 원활하게 진행할 수 있도록 창의적 사고를 자극하는 체크리스트를 함께 만들었다. 하지만 오즈번의 체크리스트는 항목이 무려 75개에 이르렀기 때문에 이것을 실전에서 제대로 활용하기가 쉽지 않았다. 밥 에이벌 Bob Eberle이 오즈번의 75가지 체크리스트 중 가장 중요한 7가지를 뽑아내서 활용하기 쉽도록 만든 것이 바로 스캠퍼 SCAMPER다. 스캠퍼는 7가지 체크리스트의 머리글자를 조합해서 만든 단어. 복잡한 것을 다 체크하기 어렵다면 다음의 7가지만 체크하면 된다.

* S Substitute, 대체: 기존의 것을 다른 재료나 다른 색깔 등으로 대체해보면 어떨까? 예를 들어 나무젓가락은 쇠 젓가락의 재료를 나무로 '대체'해서 만들어진 것이다.
* C Combine, 결합: 두 가지 이상의 것들을 결합해보면 어떨까? 스마트폰은 휴대전화와 컴퓨터의 기능을 하나로 결합시킨 것이다.
* A Adapt, 응용: 다른 분야의 조건이나 목적에 맞게 응용해보면 어떨까? 인공위성의 6각형 외벽이나 기차 내부의 충격 완화 장치는 불필요한 공간 없이

튼튼함을 유지하는 벌집의 6각 구조에서 응용한 것이다.
* M^{Modify, 변형}: 특성이나 모양 등을 확대하거나 축소해보면 어떨까? 아이패드는 다양한 콘텐츠들을 활용할 수 있도록 아이폰의 화면을 크게 키워서 만든 것이다.
* P^{Put to other uses, 다르게 활용하기}: 다른 용도로 사용해보면 어떨까? 인터넷은 원래 군사용으로 개발됐으나 지금은 모든 사람을 위한 정보 네트워크로 활용되고 있다.
* E^{Eliminate, 제거}: 어떤 것의 일부분을 없애보면 어떨까? 일반 자동차의 지붕을 제거해서 만든 '컨버터블' 자동차가 대표적이다.
* R^{Reverse, 뒤집기}: 순서나 모양, 역할 등을 바꿔보면 어떨까? 뚜껑을 아래에 단 마요네즈와 케첩 용기가 대표적이다. 뚜껑을 아래쪽에 달자 내용물이 끝까지 잘 나올 수 있게 됐다.

기획서 잘 쓰려면 세 가지를 많이 하라
구양수의 삼다법

>歐陽永叔謂爲文有三多
>看多做多商量多也

"영숙永叔 구양수 선생이 말씀하시길 글에는 삼다三多가 있다고 하셨습니다. 이는 많이 읽어보고 많이 지어보고 많이 생각해봐야 한다는 뜻입니다."

중국 송나라 시대 문인 중 한 사람인 진사도陳師道가 쓴 〈후산시화後山詩話〉에 나오는 글이다. 당나라와 송나라 때의 유명한 여덟 명의 문인을 일컫는 당송팔대가 중 송나라 때 문인으로는 구양수, 왕안석, 소순, 소식, 소철, 증공이 있는데, 왕안석 등의 다섯 명은 모두 구양수에게 글쓰기와 관련된 지도와 격려를 받았다. 그만큼 구양수는 당대의 문장가이자 뛰어난 글 스승이기도 했다.

50년 후배 문인인 진사도가 "구양수 선생이 말씀하시길" 하고 언급한 것만 보더라도 당시 '문장론'에 관해 구양수의 위치가 어떠했음을 쉽게 알 수 있다.

간다多看, 주다做多, 상량다商量多를 다른 말로 하면 다독多讀, 다작多作, 다상량多商量이다. 즉 많이 보고, 많이 쓰고, 많이 생각한다는 의미다. 상商이라는 글자는 장사를 한다고 할 때 주로 사용되지만 헤아린다는 의미도 가지고 있다.

구양수가 세상을 떠난 지 1,000년이 넘었지만 아직까지 좋은 글을 쓰기 위한 방법론으로 그의 '삼다법三多法'을 능가하는 왕도는 나타나지 않고 있다. 글의 형태를 지닌 것이라면 소설이나 수필은 물론 제안서나 보고서 등 비즈니스 글쓰기에도 똑같이 적용될 수 있는 금과옥조다.

구양수는 재능을 타고났다기보다 스스로가 많이 보고 많이 쓰고 많이 생각하는 부단한 노력을 통해서 최고의 경지에 오른 인물이다. 네 살 때 아버지를 여의는 바람에 공부는커녕 붓과 종이를 살 형편도 못 될 정도로 가난했다.

"붓과 종이가 없다고 글을 배우지 못할 것이 없다. 모래 위에 갈대로 글을 쓰면 되느니라."

구양수의 어머니는 어려운 형편에도 아들의 글공부에 소홀하지 않았다. 구양수는 책을 살 돈이 없었지만 친구에게 얻어 온 책을 읽고 또 읽어 너덜너덜해질 때까지 계속 읽었다. 그러한 노력이 당대 최고의 문장가를 만든 원동력이었다.

구양수는 또한 '삼상지학三上之學'이라고 하여 생각의 깊이를 더하기 좋은 세 장소로 침상枕上, 마상馬上, 측상廁上을 꼽았다. 즉 잠자리에 들 때, 말을 타고 갈 때, 화장실에 있을 때 좋은 생각을 떠올릴 수 있다는 것이다. 말 타는 것을 자동차 타는 것으로 바꾼다면 현대 사회에서 새로운 아이디어를 얻기 위한 세 장소로도 손색이 없다.

● 비즈니스 상식 ●

과묵한 직원이 많을 때는 말 대신 글로

"독일 사람들은 아무래도 너무 과묵하단 말이야. 회의 시간인데 저렇게 다들 아무 말도 안 하다니. 각 부서별로 사람들을 많이 모아놔 봐도 소용이 없어."

형태분석법 연구자이자 경영 컨설턴트인 독일의 호리겔 박사는 기업의 회의 문화를 유심히 지켜보다가 의문을 갖게 됐다. 아이디어 회의법으로 가장 잘 알려진 브레인스토밍이 의외로 효과가 없었기 때문이다. 브레인스토밍은 똑 부러지게 의사 표현을 잘하는 미국의 광고업계에서 고안된 아이디어 회의법이다. 적극적이고 말이 많은 사람들에게는 통하겠지만 소극적이고 말수가 적은 사람들이 많이 모여 있는 업종이나 회사에서는 효과가 떨어졌다.

평소에는 말이 많던 직원들도 막상 '자리'를 깔아주면 서로 눈치 보느라 말

한마디 꺼내지 않고 바닥만 쳐다보고 있는 경우도 많았다.

그런 분위기라면 아이디어 회의의 '원조'로 불리는 브레인스토밍이 아니라 브레인스토밍 할아버지를 모셔다 놓아도 소용이 없을 것이다.

"말이 별로 없는 사람들도 분명 좋은 아이디어를 가지고 있을 텐데, 그들의 아이디어를 좀 더 효율적으로 끄집어낼 수 있는 방법은 없을까?"

호리겔 박사는 회의 시간만 되면 과묵해지는 직원들을 위한 회의 방법으로 입을 꼭 다물고도 할 수 있는 아이디어 회의 기법을 고안해냈다. 그것이 바로 '브레인라이팅Brainwriting' 기법이다.

이름에서도 알 수 있듯이 종이에 펜으로 아이디어를 적어 나가는 방법이다. 따라서 말이 필요 없다. 호리겔 박사가 고안한 이 방법은 독일 바텔 연구소의 게슈카 박사가 대중적으로 보급하면서 널리 알려지게 됐다.

회의 참가자들은 둥근 테이블에 둘러앉아 진행자의 지시에 따라 정해진 시간 안에 자신이 생각한 아이디어를 적은 다음 그 종이를 옆 사람에게 전달한다. 옆 사람이 전해준 종이를 받은 사람은 그 아이디어를 참고하거나 응용해서 새로운 아이디어를 적은 다음 다시 종이를 옆 사람에게 돌린다.

목소리나 성격, 개인의 의지와 상관없이 참가자 모두가 골고루 아이디어를 낼 수 있고 또 앞 사람이 적은 아이디어를 보고 개선할 수 있기 때문에 종이가 돌아가는 횟수가 늘어갈수록 좀 더 개선된 아이디어가 나올 가능성도 높아진다.

브레인라이팅은 다양한 방법으로 실행할 수 있지만 여섯 사람이 세 가지 아이디어를 5분 안에 적는 방법이 가장 일반적으로 사용되고 있어 '635법'이라고도 불린다. 브레인라이팅의 장점 중 하나는 회의 참가자들이 한자리에 모이지 않아도 할 수 있다는 점이다. 수많은 직원이 마치 종이를 돌리듯이 이메일에 아이디어를 적어 발송하면 메일을 보고 새로운 아이디어를 추가해서 다시 메일로 전송하는 식의 원격회의도 가능하다.

기획서 쓸 때 꼭 불러야 할 여섯 명의 하인
5W1H 6하원칙

내겐 성실한 하인 여섯 명이 있지.
(내가 아는 모든 것을 이들에게서 배웠지)
그들의 이름은 무엇, 어디, 언제
그리고 어떻게, 왜, 누구이지.
나는 그들을 육지와 바다로,
동쪽과 서쪽으로도 보내지.
하지만 그들이 내 일을 마친 후,
나는 모두에게 휴식을 주지.
(중략)

I KEEP six honest serving-men
(They taught me all I knew);
Their names are What and Why and When
And How and Where and Who.
I send them over land and sea,
I send them east and west;
But after they have worked for me,
I give them all a rest.
(중략)

영국 최초의 노벨문학상 수상자이자 《정글북》의 작가이기도 한 J. R. 키플링의 〈더 엘리펀트 차일드 The Elephants' Child〉라는 작품의 맨 마지막 부분에 나오는 시다. 이 시에 등장하는 여섯 명의 '하인', 즉 '누가 Who, 언제 When, 어디서 Where, 무엇을 What, 어떻게 How, 왜 Why'는 객관적인 사실을 전달할 때 반드시 지켜야 하는 여섯 가지 요소를 의미한다.

키플링의 시에서 비롯된 5W1H의 6하원칙은 기자들이 기사를 작성할 때 반드시 지켜야 하는 원칙이며 기획서 작성의 필수 요소이기도 하다. 이 가운데 한 가지라도 빠뜨리게 되면 '앙꼬 빠진 찐빵처럼' 뭔가 부족해져서 기획서의 완성도가 떨어짐은 물론이다.

기획 분야에서는 6하원칙을 넘어 7하원칙, 8하원칙까지 등장하는 추세다.

"기획서 내용 다 좋은데, 한 가지 빠진 것이 있어."

"그게 무슨 말씀이신지……."

"돈 얘기가 없잖아, 돈. 자금 조달은 어떻게 할 건가?"

7하원칙이란 기존의 6하원칙에 'How much', 즉 자금 조달 계획이 추가된 5W2H를 의미한다. 기획이란 단순한 아이디어가 아니라 실행을 전제로 한 계획이기 때문에 '돈'에 대한 내용이 빠지면 안 된다. 아무리 좋은 기획안이라고 해도 비용에 대한 고려가 없으면 '종잇조각'에 불과하다. 그래서 How much를 기획안의 일곱 번째 요소가 아니라 첫 번째 요소라고 말하는 사람들도 있다.

8하원칙의 마지막 요소는 'Whom'이다. 즉 '누구를' 대상으로 하는지 명확한 타깃을 정하라는 것이다. 시장이 세분화됨에 따라 좀 더 구체적인 타깃에 대한 고려가 필요해진 것을 감안해서 새롭게 등장한 요소다. Whom 대신 'Target'이 사용되기도 하는데 Whom을 추가할 경우 6W2H, Target을 포함시킬 경우 5W2H1T라고 부른다.

어쨌든 점점 복잡해지는 시장에서 고려해야 할 요소들이 차츰 늘어나고 있는 것만은 분명하다. 이런 추세라면 조만간 9하원칙이나 10하원칙이 등장하지 말라는 법도 없을 것이다.

● 비즈니스 상식 ●

FBI도 울고 갈, 정확한 시장조사 기법 FGI

시장조사를 할 때 가장 중요한 것이 소비자들의 마음이다. 소비자의 마음을 들여다보기 위해 다양한 표본을 대상으로 설문 조사 등을 실시하기도 한다. 하지만 불특정 다수에 대한 소비자 조사의 경우 표본 수나 조사 대상에 따라 조사 결과가 왜곡되거나 깊이 있는 결과를 얻지 못할 수도 있다.

이럴 때 주로 사용하는 것이 FGI $^{Focus\ Group\ Interview}$다. 표적시장으로 예상되는 핵심 소비자들을 일정한 기준에 따라 6~12명 정도 선발하여 조사 목적과 관련된 집중적인 인터뷰를 하도록 하는 것이다.

대규모 설문 조사에 비하면 조사의 폭이 좁아 양적으로는 부족해 보이지만 해당 분야의 전문가나 핵심고객들에게 심층적으로 물어볼 수 있기 때문에 오히려 조사 데이터에 대한 질은 훨씬 높게 나타날 수 있다는 장점이 있다.

다섯 번만 '왜'라고 물으면 해답이 저절로!
도요타의 5Why

"오늘 오신 김에 공장을 천천히 둘러보시고 돌아가기 전에 한 사람당 서너 개씩 현장의 문제점을 꼭 좀 지적해주시기 바랍니다."

"지적이라니요. 저희들은 그저 도요타 공장을 배우러 왔을 뿐인데, 저희가 어떻게……."

"그렇지 않습니다. 우리 눈에는 우리의 잘못이 잘 보이지 않는 법이죠."

도요타 생산 시스템으로 불리는 TPS Toyota Productive System를 창시한 오노 다이이치 부회장은 1960년대 중반 도요타 협력사의 핵심 멤버들이 혁신 활동의 일환으로 공장을 방문했을 때 뜻밖의 말을 했다. 공장을 배우러 온 사람들에게 오히려 지적을 해달라고 요청한 것이다. 그들은 현장 전문가가 아니었다.

하지만 방문객들은 어쩔 수 없이 비전문가의 입장에서 보고 느낀 것을 생각나는 대로 적어서 제출했다. 어차피 방문객들의 의견을 중요하게 여기지 않을 것이라는 생각도 있었다.

지적 사항이 모두 모이자 오노 다이이치는 그것을 모아서 현장 책임자들에게 직접 건네주면서 지시했다.

"여기에 지적된 사항들, 하나도 빠뜨리지 말고 모두 개선하도록 하세요."

현장 책임자는 깜짝 놀랄 수밖에 없었다.

'아무것도 모르는 외부 사람들이 지적한 내용을 그대로 받아들여 개선하라고?'

오노 다이이치가 노린 것이 바로 그 점이었다. 모든 것을 잘 알고 익숙하면 문제가 보이지 않는다. 내부에서는 아무런 결함이 없는 부분도 외부에서 보면 결함으로 보일 수 있다는 점을 주목한 것이다.

오노 다이이치는 "인간의 뇌는 문제를 느끼지 않으면 지혜를 짜내지 않도록 되어 있다"고 말해왔다. 그러면서 '5Why'라고 불리는 문제 해결 사고법을 신입사원 시절부터 가르쳤다. 5Why란 문제가 생겼을 때 왜를 다섯 번 반복해보면 해답을 얻을 수 있다는 것이다.

도요타는 공장 생산라인에서 문제가 발생하면 누구라도 끈을 잡아당겨 라인을 멈추게 하는 '라인스톱' 제도를 운영하고 있는데, 라인이 멈추면 직원들이 모여 저마다 문제에 대해 다섯 번씩 '왜?'라고 물으며 해결책을 찾는다.

대부분 어떤 문제가 발생했을 때 "무엇이 문제일까?" 하고 의문을 갖지만 그것뿐이다. 단 한 번의 의문으로만 끝나는 것이다. 그러면 겉으로 드러난 피상적 문제에만 접근하게 될 가능성이 매우 높다. 겉으로 드러난 원인과 근본 원인은 다른 경우가 많다. 만약 중요한 기획안이 근본적 원인을 건드리지 못한 채 겉으로 드러난 원인에만 초점을 맞추고 있다면, 그 기획안은 실패로 끝나기 십상이다.

어떤 문제가 발생했을 때 "왜 그런 문제가 발생했을까?"라고 묻고, 그 문제에 대한 원인이 나오면 "그 원인은 또 왜 발생했을까?" 하고 계속된 질문으로 궁극적 원인을 찾아 들어가야 한다.

도요타는 이러한 다섯 번의 '왜?'라는 질문을 통한 끈질긴 원인 추구로 생산 현장에서 일어나는 모든 오류의 원인을 찾아냈다. 그런 과정을 통해서 눈에 보이지 않는 근본적인 오류까지 찾아낼 수 있게 된 것이다. 문제의 원인을 찾아가는 도요타의 모습은 마치 거대한 사건 해결을 맡은 수사관을 연상케 할 정도다.

도요타의 5Why는 생산 현장의 개선을 위해서 만들어진 방법론이지만, 기획은 물론 경영 전반에 걸쳐 문제 해결을 위한 중요한 방법론으로 활용되고 있다.

스스로에게 묻지 않는다고 해도 누군가는 물을 것이다. 기획안이나 보고서를 받아 든 상급자가 물을 수도 있고, 제품이나 서비스를 이용하는 고객이 물을 수도 있다. 미리 스스로에게 질문하고 답을 얻는다면 가장 빠르고 정확한 답이 될 것이다.

● 비즈니스 상식 ●

나를 알고 너를 알고 고객까지, 3C 분석

전략을 수립하기 위해서 정치나 경제, 사회 등 기업 외부의 거시적인 환경 분석을 진행한다. 하지만 그보다 더 중요한 것은 기업을 둘러싸고 있는 사업 환경에 대한 구체적 분석이다. 이때 요긴하게 사용되는 분석 툴이 바로 '3C 분석'이다.

3C란 고객Customer, 경쟁사Competitor, 자사Company를 의미한다.

고객 분석은 시장 규모나 성장성, 고객의 니즈나 구매 행동 등에 대한 분석, 즉 시장의 특징을 파악하는 것이다. 경쟁사 분석은 진입장벽이나 경쟁 상태의 전략 등이 포함된다. 경쟁 상대에게 시장을 얼마나 뺏어올 수 있는지를 분석하는 것이다. 경쟁사가 얼마나 압도적인 경쟁력을 갖고 있느냐에 따라 전략도 달라질 수 있다. 마지막은 자사 분석이다. 스스로의 경쟁력을 객관적으로 점검하는 것이다. 자체적으로 보유하고 있는 기술력이나 조직력, 인적자원은 물론 매출액과 시장점유율, 수익성 등에 대한 구체적 분석이 요구된다.

결국 3C 분석이란 나를 알고 남을 아는 것이며, 한 가지 더 포함시켜 시장, 즉 고객을 아는 것이라고 할 수 있다.

마음속 생각한 것이 눈에 쏙쏙 들어온다
컬러배스 효과

"오늘은 어떤 색으로 할까?"

빨강이나 파랑, 노랑 어떤 색깔이라도 상관없다. 마음속에 한 가지 색깔을 정하고 집을 나서보라. 아마 생각하지 못했던 놀라운 변화가 일어날 것이다.

만약 빨간색을 생각했다면 빨간색 우체통, 빨간색 글씨의 간판, 빨간색 꽃 등 그동안 주의 깊게 보지 않았던 수많은 빨간색이 눈에 쏙쏙 들어오는 것을 느낄 수 있을 것이다. 세상에 빨간색 사물들이 이토록 많았던가 하는 의문이 들지도 모른다.

물론 하룻밤 사이에 빨간색 물건들이 갑자기 많이 생겨난 것은 아니다. 무엇인가를 의식하고 집중하고 있으면 훨씬 눈에 잘 띄기 때문

이다.

　이렇게 한 가지 색깔에 집중하면 그 색깔의 사물이 눈에 쏙쏙 들어오는 것을 '컬러배스Color Bath' 효과라고 한다. 여기서 'bath'란 '목욕'이란 뜻이므로, 색깔로 목욕을 한다는 의미다.

　컬러배스 효과가 색깔에만 국한되는 것은 아니다. 모양이 될 수도 있고, 소리가 될 수도 있다. 특히 기획 아이디어를 떠올리기 위해 고민하거나 기획안 작성을 위한 시장조사를 나서는 기획자들에게 컬러배스 효과는 요긴하게 사용될 수 있다. 수많은 자료와 정보 가운데 자신이 목적으로 하는 부분에 저절로 눈길이 멈추거나, 전혀 색다른 사물들의 조합을 통해서 새로운 아이디어를 얻을 수 있기 때문이다.

작가 알랭 드 보통은 이것을 안테나로 표현하기도 했다. 아이디어는 전파, 창의력은 안테나에 비유하면서 우리 주위에 있는 아이디어가 마치 전파처럼 가득 차 있다가 창의력이라는 안테나를 세우는 순간 잡힌다는 것이다.

아이디어란 하늘에서 뚝 떨어지는 것이 아니다. 이미 존재하는 요소들을 새로운 관점에서 조합한 것이다. 컬러배스 효과는 전혀 생각하지 못했던 새로운 조합을 만들어내기도 한다.

초록색 신호등과 친환경 상품의 브랜드 로고처럼 서로 아무런 관계가 없는 사물들을 자연스럽게 연결시켜주는 것이 컬러배스의 독특한 효과이기도 하다. 그러한 조합을 통해서 예기치 못한 아이디어를 떠올릴 수도 있다.

컬러배스 효과는 평소와 다른 영역에 주목하면 발견의 폭을 넓힐 수 있다는 것을 가르쳐주는 유용한 생각의 도구다.

● 비즈니스 상식

보안이 필요한 기획서에는 워터마크 꼭 찍어라!

관공서에서 발급받은 문서를 보면 문서 배경에 흐릿하게 특수한 무늬가 그려져 있는 것을 볼 수 있다. 문서의 위·변조를 방지하기 위한 워터마크 watermark다. 보안이 요구되는 중요한 기획서라면 복사나 스캔을 방지하기 위한 워터마크를 넣을 필요가 있다. 요즘은 워드프로세서 같은 문서 작성 프로그램에서도 워터마크 삽입 기능을 제공하고 있다.

워터마크는 중세 시대부터 사용됐다. 교회에서 암호문을 보낼 때 그것이 위조되지 않도록 투명한 그림이나 글씨를 집어넣은 것이 그 시초라고 알려져 있으며, 이후 지폐를 만드는 데 이 기술이 주로 사용됐다. 워터마크라는 이름은 젖은 상태의 지폐에 그림을 인쇄한 데서 유래했다.

워터마크는 지폐뿐만 아니라 위조를 막기 위한 각종 증명서나 회사 내 문서 등에도 사용되고 있다. 미술품, 저작물, 지폐 등에 육안으로는 보이지 않는 특수한 형태의 표시를 해두는 워터마크를 가리켜 흔히 프린트 워터마크라고 한다. 지폐에 사용되는 워터마크의 경우 복사기나 컴퓨터 스캐너로도 재생되지 않기 때문에 위조지폐를 식별하는 데 중요한 근거가 된다.

충동구매에도 단계가 있다고?
아이드마 법칙

"소비자들은 아무 생각 없이 충동적으로 구매를 하는 것일까? 구매로 이어지는 어떤 단계 같은 것이 있지 않을까?"

미국 광고협회Association of National Advertisers를 설립하고 초대 회장을 맡기도 했던 엘모 루이스E. St. Elmo Lewis는 유명한 광고인이었다. 그는 1898년 자신이 광고 분야에서 일하면서 얻은 경험을 바탕으로 아이다AIDA라는 모델을 만들었다.

즉 상품에 대한 정보를 접하고 난 소비자가 구매로 이어지기까지의 과정이 주목Attention → 흥미Interest → 욕구Desire → 구매 행동 Action의 네 단계를 거친다는 것이다. 이러한 엘모 루이스의 구매 모델은 시간이 흐르면서 여러 사람에 의해 덧붙여지고 발전해왔다.

"사람들은 욕구를 느끼고 바로 구매 행동으로 나서지는 않는 것 같아."

1920년대 미국의 경제학자 롤랜드 홀은 엘모 루이스의 아이다 모델에 소비자의 욕구와 구매 행동 사이에 기억Memory을 끼워 넣어 아이드마AIDMA 모델을 만들었다. 구매 욕구를 일으키는 물건을 기억해 두었다가 비로소 구매 행동에 나서게 된다는 이론이다.

아이드마 법칙은 상당히 오랫동안 광고와 소비자 구매 행동에 대한 연구에서 중요한 원칙으로 여겨져왔으나 인터넷 쇼핑, TV 홈쇼핑, 모바일 쇼핑 등의 전자상거래가 발전하면서 새로운 변화에 직면하게 됐다.

"물건을 사기 전에 인터넷 검색을 빠뜨릴 수 없지."

전자상거래가 보편화된 이후 가장 달라진 구매 행동 중 하나는 바로 '검색'이다. 상품을 구매한 뒤에는 블로그나 제품 관련 커뮤니티 사이트에 상품평을 쓰거나, 구매 후기나 댓글 또는 평점을 통해 다른 사람들과 정보를 공유한다.

이렇게 인터넷 시대에 달라진 구매 행동 패턴은 아이사스AISAS라고 하며, 주목Attention → 흥미Interest → 검색Search → 구매 행동 Action → 정보 공유Share의 과정을 거친다.

달라진 소비자들의 구매 성향은 기업들의 마케팅 전략에도 변화를 가져올 수밖에 없다. 매스마케팅 일변도에서 벗어나 블로그나 커뮤니티를 중심으로 한 입소문 마케팅이 활성화되고 있는 것도 바로 그 때문이다.

물론 이런 법칙에 전혀 구애를 받지 않는 소비자들도 있다. '지름 신'이 한번 '강림'하면 '욕구'나 '기억'의 단계를 거치지 않고 '주목'에서 바로 '구매 행동'으로 직행하는 기분파 소비자들이 바로 그 주인공이다.

● 비즈니스 상식 ●

머릿 속 생각을 그린다, 마인드맵

일반적으로 어떤 주제에 대해 생각을 한다고 하면 시간 순이나 주제 순 등으로 사고를 전개해 나가는 것이 보통이다. 하지만 사람의 생각이라는 것이 이렇게 순차적으로 착착 맞게 떠오르는 것은 아니다. 두뇌가 정보를 받아들이고 쏟아내는 방법과 유사하게 사고하는 기법이 바로 마인드맵 mind map이다. 마인드맵이란 1970년대 초 영국의 교육학자이자 심리학자인 토니 부잔이 만들어낸 시각적 사고법으로, 백지 위에 키워드나 이미지를 적고 나뭇가지를 펼쳐가듯이 생각들을 정리해 나가는 방법이다. 실제로 이렇게 그려진 마인드맵은 뇌에서 정보를 전달하는 도로망에 위치한 신경세포인 뉴런과 유사한 구조로 제시된다. 따라서 마인드맵을 뇌의 구조를 그림에 비유해 표현한 것이라고 말하기도 한다.

마인드매핑은 혼자서 하는 브레인스토밍 기법이라고도 할 수 있다. 개인의 머릿속에 떠오르는 모든 생각을 특별한 분류나 제한 없이 종이에 기록해감으로써 사고 아이디어를 발전시키거나 생각을 정리할 수 있기 때문이다.

아이디어를 샘솟게 하는 특별한 원리
트리즈

"고장 난 잠수함에서 잠수복 없이 탈출하는 방법이라고? 놀라운 아이디어야. 자네, 우리 해군 특허부에서 일하면 어떻겠나?"

러시아의 젊은 발명가였던 겐리히 알츠슐러Genrich Altshuller는 1946년 잠수함과 관련된 발명품을 선보인 것을 인연으로 해군 특허부에서 근무하게 됐다. 알츠슐러는 이미 10대 시절부터 발명으로 유명했다. 14세 때 수중잠수 장치를 발명해 러시아 국내 특허라고 할 수 있는 발명자 인증서를 받았으며, 15세 때는 카바이드를 연료로 사용하는 로켓 엔진을 장착한 배를 개발하기도 했다. 해군 특허부에서 근무하면서 그는 발명에 대해 좀 더 체계적이고 본격적으로 연구할 수 있는 기회를 갖게 됐다.

해군에 입대한 지 얼마 지나지 않았을 때의 일이다. 선박 용접 관련 부서에서 담당자가 알츠슐러를 찾아왔다.

"선박 용접 특허 기술과 관련된 부분인데 뭔가 문제가 있는 것 같습니다. 한번 봐주시면 안 될까요?"

"그렇게 하죠."

알츠슐러는 뛰어난 지혜로 문제를 해결해주었다. 3개월이 지난 다음 이번에는 다른 부서 담당자가 또 찾아왔다.

"잠수정과 관련된 고질적인 문제가 있어서요."

잠수정 문제를 들여다보니 3개월 전 선박 용접부서의 문제와 해결 방법이 똑같았다. 쉽게 해결할 수 있었다. 그리고 2개월이 지나자 또 다른 부서에서 사람이 찾아왔다.

"구축함의 함포에 문제가 있어서……."

알츠슐러는 이번에도 단박에 문제를 해결할 수 있었다. 그리고 놀랍게도 그 문제의 해결 방식이 앞서 두 번의 경우와 똑같다는 사실도 알게 됐다. 분야는 다르지만 해결 방법 사이에 뭔가 공통점이 있음을 느끼게 된 것이다.

"창의적인 문제 해결 과정에 어떤 공통된 원리가 있지 않을까?"

알츠슐러는 1946년부터 1963년까지 러시아 특허 20만 건을 직접 읽으면서 분석에 나섰다. 1948년에는 소비에트연방의 잘못된 혁신과 발명에 대해 비판하는 내용의 편지를 스탈린에게 보냈다가 붙잡혀 25년형을 선고받기도 했다.

1956년 감옥에서 석방된 알츠슐러는 더욱 열심히 '발명의 원리'를 찾아 나섰다.

"발명은 결코 우연한 영감에 의해 만들어지는 것이 아닙니다. 특별한 원리가 있는 거죠."

그리고 같은 해 동료 샤피로와 함께 관련 저널에 〈발명 창조성의 심리학〉이라는 제목의 논문을 발표하면서 발명에 대한 기존의 논리를 정면으로 반박해 화제를 불러일으켰다.

수많은 발명품을 분석해서 그들이 가진 공통점을 찾아내 '발명의 원리'를 만든 것이 바로 '창조적 문제 해결'이라는 뜻의 러시아어 'Teoriya Reshniya Izobretatelskikh Zadatch'의 머리글자에서 따온 트리즈TRIZ이다.

이어 1961년 발명을 배우는 방법, 1969년 발명 알고리즘 40가지 발명 원리 등 이론을 차례로 세워 나갔다. 그리고 1999년 미국에서 트리즈 학회가 열릴 정도로 알려지기 시작했다. 오늘날 트리즈는 많은 기업에서 활용하고 있는 창조적 방법으로서, 바로 알츠슐러의 40가지 창조 방법을 근간으로 하고 있다.

국내에서는 삼성이 개발 혁신에 트리즈를 활발히 사용하고 있다. 삼성 이외에도 LG와 포스코 등이 트리즈를 통해 좋은 성과들을 이끌어내면서 계속적인 국내 트리즈 확산에 기폭제가 되고 있다. 삼성전자는 DVD나 PDP 등 제품 개선에 트리즈 기법을 활용해 효과를 본 것으로 알려져 있다.

트리즈의 40가지 발명 원리 중 주요한 항목을 살펴보면 분할, 추출, 비대칭, 다용도, 포개기, 역방향, 곡선화, 진동, 위치 유지, 복제, 셀프서비스 등이 있다. 문제에 직면했을 때 그 상황에 따라 이들 항목을 대입시켜봄으로써 창조적인 해결 방법을 찾아낼 수 있다는 것이 바로 트리즈의 기본 원리다.

● 비즈니스 상식 ●

제록스를 살려낸 벤치마킹

벤치마킹Benchmarking이란 용어는 원래 토목공사에서 사용되던 말로, 강물의 높고 낮음을 측정하기 위해 설치된 기준점이 바로 벤치마크다.
벤치마킹이라는 개념을 기업 경영에 처음 활용하기 시작한 것은 미국의 복사기 업체 제록스다. 1970년대까지만 해도 제록스는 시장점유율 95퍼센트를 차지할 정도로 압도적이었으며 경쟁자가 없었다. 제록스라는 회사 이름이

'복사하다'라는 뜻의 동사로 통용될 정도로 독보적인 복사기 회사였다. 하지만 1980년대에 들어서면서 캐논을 비롯한 일본 복사기 업체의 대공습으로 갑작스러운 위기에 빠져들었다. 시장점유율도 13퍼센트까지 떨어지는 믿을 수 없는 일이 벌어졌다. 제록스는 항상 자신들이 최고라고 생각했기 때문에 그러한 결과를 받아들일 수 없었다. 심지어 경쟁사들은 제록스의 제조원가에도 미치지 못하는 수준으로 제품을 판매하고 있었다. 처음에 제록스는 경쟁업체들이 시장점유율을 높이기 위해 부당하게 덤핑 판매를 하고 있다고 생각했다.

마침내 제록스는 일본 기업들이 앞서는 이유를 분석했고 그 결과 일본 기업들이 지속적인 기업 혁신을 통해 많은 부분에서 자신들보다 앞서 있는 것을 알게 됐다. 오랜 시간에 걸친 기업의 독주가 사원들로 하여금 경쟁사의 발전을 경계하고 그들의 성공으로부터 배우는 것을 가로막는 요인으로 작용한 것이다. 제록스의 경영진과 사원들은 그때부터 적극적으로 다른 회사들을 배우려고 노력하기 시작했다. 경쟁사의 제품들을 분해해서 부품을 하나씩 연구했다. 디자인이나 부품 또는 조립이 자신들보다 우수하다고 생각하면 그것을 배웠다.

그들이 취한 경쟁사 정밀 조사는 근본 비즈니스 프로세스 조사로까지 확장됐으며, 1983년에는 아예 회사의 근본적인 비즈니스 프로세스로 자리를 잡게 됐다. 제록스는 다른 회사들도 충분히 본받을 만한 귀중한 장점을 가지고 있다는 것을 깨달았으며, 관련 업계는 물론 스포츠용품과 같이 전혀 다른 업종에서도 재고관리 기법 등을 배울 수 있었다. 이러한 과정을 통해서 제록스는 다시 회생할 수 있었고 벤치마킹을 경영의 중요한 요소로 자리 잡게 만들었다.

고객 마음속 사다리에 올라타라
사다리 법칙

"렌터카 업계에서 제일 뛰어난 서비스!"

미국 렌터카 업계 2위였던 에이비스^AVIS가 초기에 펼쳤던 광고 메시지 중의 하나다. 하지만 이 메시지를 앞세운 광고 캠페인은 성공하지 못했다.

"1등도 아닌 회사가 어떻게 제일 뛰어난 서비스를 제공한다는 거야?"

소비자의 마음속에는 이미 허츠^Hertz라는 1위 브랜드가 자리 잡고 있었다. 그래서 에이비스가 아무리 1등 서비스를 외쳐도 소비자들은 오히려 거부감만 갖게 될 뿐이었다.

이런 에이비스의 전략에 변화가 찾아왔다.

"에이비스는 2등입니다. 그런데도 우리를 찾아야 하는 이유는 무엇일까요? 바로 우리가 더 열심히 노력하기 때문입니다."

이것이 바로 그 유명한 'AVIS is NO.2'라는 광고 캠페인이다. 이 광고 캠페인을 성공으로 이끈 것이 바로 이른바 '사다리 법칙'이라고 불리는 포지셔닝 전략이다. 사다리 법칙은 잭 트라우트와 알 리스에 의해 대중화된 개념이다.

소비자들은 마음속에 순위를 매겨 상품을 인식하는 경향이 있다. 각 영역별로 제품 사다리가 있고 그 사다리의 각 디딤대에 각각의 브랜드가 위치하게 된다. 렌터카의 사다리라면 가장 높은 디딤대에 허츠가 있고 그다음에 에이비스가 있는 식이다.

사다리의 제일 위에 있는 디딤대에 오르는 것이 가장 좋다. 하지만 모두가 가장 높은 디딤대에 오를 수는 없다. 사다리 법칙은 디딤대의 위치에 따라 펼쳐야 할 전략이 다르다는 것을 말해주고 있다. 1등이 될 수 없다면 2등 중에 최고가 되는 방법이다.

에이비스는 넘버2 캠페인을 통해 비슷한 위치에 있던 2등 그룹들을 따돌리면서 확실한 2등 굳히기를 할 수 있었고 자신의 디딤대 위치를 인정함으로써 소비자들의 마음속에도 자리를 잡을 수 있게 됐다. 그 결과 13년 연속 적자에서 벗어나는 큰 성공을 거두었다.

기회를 봐서 사다리를 옮겨 타는 전략도 있다. 세븐업은 '레몬라임 탄산수'라는 사다리의 가장 높은 디딤대를 차지하고 있었다. 하지만 레몬라임 탄산수 시장은 매우 작은 반면 콜라 시장은 전체 청량음료 시장에서 가장 컸다.

세븐업은 '언콜라^{Uncola}' 캠페인을 통해 콜라 시장이라는 사다리에 올라타기로 마음먹었다. 언콜라라는 것은 콜라가 아니라는 뜻이지만 결국 콜라의 대안이라는 의미로 받아들여지면서 성공적으로 콜라 시장에 '입성'할 수 있었으며, 코카콜라와 펩시에 이어 콜라 '사다리'의 세 번째 디딤대에 당당히 올라서게 됐다. 비록 레몬라임 탄산수 시장의 1등에서 콜라 시장의 3등으로 내려왔지만 콜라 시장이 훨씬 컸기 때문에 전체 매출도 크게 늘어났다.

• 비즈니스 상식

목표 달성은 '스마트'하게

기획안을 수립할 때 5W1H의 6하원칙이 필요했던 것처럼 목표 달성을 위해서도 몇 가지 원칙이 필요하다. 목표 달성을 위한 원칙 중 대표적인 것이 바로 'SMART 법칙'이다. SMART란 중요한 목표 달성을 위한 다섯 가지 요소의 영어 머리글자다.

Specific: 목표는 구체적이어야 한다. 매출액을 얼마 늘린다거나 시장점유율을 얼마 높인다는 식으로 수치로 표시할 수 있어야 한다.
Measurable: 측정할 수 없으면 관리할 수 없다. 사무비용 절감을 위한 프로젝트라면 종이를 얼마나 아끼고 전기를 얼마나 아꼈는지, 또는 사무집기 소모품 사용을 얼마나 줄였는지 그 비용 절감분에 대해서 정확하게 측정할 수 있어야 한다.
Assignable: 목표 달성을 위해서는 정확한 일의 책임자가 있어야 하고, 해당 업무에 따라 담당자가 정확하게 할당되어야 한다. 일의 목표를 정하는 것만큼 그 일의 책임자를 선정하는 일은 매우 중요하다.
Realistic: 프로젝트의 계획은 비용이나 시간, 일의 범위 등 모든 면에서 실행 가능해야 한다.
Time-related: 프로젝트에 대한 시간 관리를 의미한다. 모든 일에는 시작과 끝이 있는 법이다. 아무리 좋은 프로젝트라고 해도 정해진 시간을 지키지 못하면 소용이 없다.

목표 달성의 SMART 법칙은 1981년 조지 도란 George T. Doran이 'Thers's S.M.A.R.T Way to Writer Management Goals and Objective'라는 제목의 글에서 처음 제시했으며, 이후 수많은 사람들에 의해 다양하게 변용되어 왔다. A의 경우 성취할 수 있는 목표여야 한다는 의미의 'Achievable'이 대신 사용되기도 하며, R 역시 결과 중심적이어야 한다는 의미의 'Result-oriented'가 사용되기도 한다.

비즈니스 1단계 ──
planning

청중을 사로잡는
프레젠테이션 법칙

머릿속에 아무리 반짝이는 아이디어가 있어도, 말로 제대로 표현하지 못하면 빛을 잃고 만다. 입찰이나 경쟁 PT 등 사람들 앞에서 발표할 일이 많아진 요즘, 비즈니스맨에게 프레젠테이션 능력은 필수다. 여러 사람 앞에서 하는 발표뿐 아니라 사내에서 직원들과 의견을 주고받을 때도 좀 더 효과적으로 말하는 요령이 필요하다. '사람들 앞에만 서면…… 나는 왜 작아지는가……' 하고 고민하는 당신이라면 다음의 법칙들을 주목해보자. 멋진 프레젠테이션으로 상사의 관심을 받는 것은 이제 시간문제다.

박지성이 월드컵 유치 프레젠테이션에 등장한 이유
　　　아리스토텔레스의 설득 3원칙
입으로 말하지 말고 몸으로 말하라 **메라비언의 법칙**
엘리베이터에 타서 내리기 전에 끝내라 **엘리베이터 피치**
맥킨지 사람들의 일 잘하는 비밀 **MECE | 로직트리**
가벼운 사례로 시작하라 **EOB 법칙**
처음 30초, 마지막 30초에 집중하라 **초두효과 | 최신효과**
중요한 것은 세 가지로 말하라 **3의 법칙**

Episode

말더듬이에서 최고의 연설가가 된 데모스테네스

"그리스 군대 몇 십만은 두려울 것이 없으나, 데모스테네스의 세 치 혀가 두려울 따름이다."

마케도니아의 왕 필리포스 2세가 그리스로 쳐들어가면서 한 말이다. 데모스테네스는 마케도니아의 제국주의에 반대하는 입장을 평생 견지했던 인물로 그리스 시대뿐만 아니라 인류 역사를 통틀어서도 가장 뛰어난 연설가 중 한 명으로 손꼽힌다. 필리포스 왕의 말은 당시 데모스테네스의 연설 능력이 어느 정도였는지를 잘 보여준다.

설득을 위한 수단의 하나로 대중 앞에서 연설을 하기 시작한 것은 지금으로부터 2,000여 년 전인 고대 그리스 시대로 거슬러 올라간다. 21세기 기업의 프레젠테이션은 투자를 유치하거나 신제품을 소개하기 위해 이루어지는 경우가 많지만 2,000여 년 전에는 달랐다.

당시에는 법정에서 자신의 무죄를 증명하거나 정치적 주장을 펼치기 위해 연설을 했다. 고대 그리스의 법은 개인들 사이에서 갈등이 생겼을 때 법정에서 각자의 주장을 펼치도록 했기 때문이다. 자신의

무죄를 주장하거나 상대방의 유죄를 입증한다는 절실한 필요성이 있었던 셈이다.

　한 사람의 운명이 달려 있기도 한 이 중요한 일을 위해서 사람들은 말솜씨가 뛰어난 웅변가들을 고용해서 변론을 맡겼다. 요즘으로 치면 변호사를 선임하는 것과 비슷하다고 할 수 있다. 군중이 모인 자리에서 분명하고도 설득력 있는 강력한 주장을 펼치는 것이 한 개인의 운명을 좌지우지할 정도로 중요한 일이었기 때문에 웅변가들에 대한 관심도 매우 높았다.

　그리스 로마 시대에 수사학이나 논리학이 발달했던 것은 결코 우연이 아니다. 특별한 커뮤니케이션 수단이 없던 시대에 뛰어난 웅변가의 연설은 가장 강력하고 신뢰할 수 있는 커뮤니케이션 수단이었던 셈이다. 오늘날 기업의 프레젠테이션에서 주로 사용되고 있는 논리나 설득의 법칙 역시 대부분은 그리스 로마 시대의 수사학과 논리학에 그 뿌리를 두고 있다.

　데모스테네스는 심각한 말더듬이에다 대인 공포증까지 있는 소심한 성격의 소유자였지만 어린 시절 우연히 소송 사건을 구경하고 나서 연설가의 황홀한 말솜씨에 매료되어 자신도 연설가가 되기로 결심한다. 하지만 어렵게 공부해서 처음 연설가로 대중 앞에 나섰을 때 그는 대중을 매료시키기는커녕 미숙한 연설로 야유와 비웃음을 받아야 했다.

　"우우, 무슨 연설이 그 모양이냐. 당장 집어치우고 내려와!"

　그는 집으로 돌아가 두문불출하고 맹연습을 시작했다. 매일 지하 연습실에 내려가 웅변 연습에 몰두했다. 밖에 나가고 싶어도 창피해서 나가지 못하도록 아예 머리 한쪽 부분을 싹 깎아버린 상태에서 두

세 달 동안 지하실에 들어박혀 연습에 몰두했다.

혀가 짧아서 말을 더듬는 신체적 약점을 극복하기 위해 입에다 조약돌을 집어넣은 채로 긴 대사들을 낭독하는 방법으로 부정확한 발음을 고쳐나갔다. 또 달리거나 급한 비탈길을 오르는 동안 연설문이나 시구를 숨 한 번 들이쉬고 내뱉으면서 쭉 읊어대는 방법으로 발음 연습을 했으며, 한쪽 어깨가 들리는 버릇을 고치기 위해 천장에다 칼을 매달아놓고 연습했다고 한다. 이러한 피나는 노력 끝에 그는 최고의 연설가로 거듭날 수 있었다.

데모스테네스의 능력을 보여주는 또 하나의 일화가 있다. 어느 날 아테네 시민들을 대상으로 필리포스 왕을 규탄하는 연설회가 열렸다. 당대 데모스테네스의 라이벌이었던 한 연설가가 먼저 연설을 시작했다. 그의 연설이 끝나자 많은 사람들이 박수를 치며 환호했다.

"정말 대단한 연설이야."

"이렇게 훌륭한 연설은 들어본 적이 없어."

이어서 데모스테네스가 연단에 올라 연설을 시작했다. 하지만 연설이 끝나자 사람들은 아무 말 없이 침묵했다. 그리고 갑자기 모두 자리에서 일어서더니 소리를 지르기 시작했다.

"당장 필리포스 왕에 맞서 싸우러 나갑시다."

단순히 귀로 들어서 좋다고 느끼는 연설이 아니라 사람의 마음을 움직여 당장 실행에 옮기도록 만드는 연설, 그것이야말로 21세기 프레젠터들에게도 꼭 필요한 설득의 미학이라고 할 수 있다.

박지성이 월드컵 유치 프레젠테이션에 등장한 이유
아리스토텔레스의 설득 3원칙

"뛰어난 연설가는 결코 타고나는 것이 아니지."

고대 그리스 사회에서 설득력이란 곧 사회적인 능력과 명성을 의미했다. 또한 수사적 기술인 뛰어난 말솜씨는 아무나 가질 수 없는 천부적인 재능으로 여겨졌다. 하지만 설득력도 학습을 통해서 배울 수 있는 하나의 기술이라고 생각했던 사람이 있다. 바로 아리스토텔레스다. 아리스토텔레스는 설득이라는 것이 특정한 공식에 따라 체계적으로 접근할 수 있는 일종의 기술이라고 생각했다.

아리스토텔레스의 《수사학》은 설득에 관한 인류 최초의 문헌으로 2,000여 년이 지난 지금까지 설득과 논리학의 대표적인 이론으로 남아 있다. 현대 프레젠테이션의 기본기도 바로 이 아리스토텔레스의 수사학 이론에서 크게 벗어나지 않고 있다.

설득과 관련하여 아리스토텔레스의 가장 유명한 업적은 설득의 세 가지 수단인 에토스, 파토스, 로고스라는 개념을 정의한 것이다. 아리스토텔레스는 대중을 설득할 때 이 세 가지 원칙이 반드시 필요하다고 주장했다.

에토스Ethos란 말하는 사람의 고유한 성품, 즉 인격적인 측면을 말한다. 아리스토텔레스는 기본적으로 연설을 듣는 사람들에게 연사를 신뢰하는 마음이 있어야 설득할 수 있다고 믿었다. 믿을 만한 사람으로부터 듣는 이야기에 대해 사람들은 신뢰감을 느끼게 마련이다. 그런 면에서 에토스란 말하는 사람의 행위나 능력이라기보다 연사와 청중 간에 오가는 상호 작용이나 교감의 결과라고 할 수 있다.

스위스 취리히에서 열린 2022년 월드컵 유치를 위한 마지막 프레젠테이션에서 우리나라 대표로 박지성 선수가 등장해 화제를 모았다. 박지성 선수가 영어를 구사한다고 하지만 외교관이나 외국어를 전공한 전문가들과는 비교할 수 없는 수준이다. 또한 축구선수로서 그의 말솜씨 역시 정치인이나 교수들과 비교하면 많이 뒤떨어질 수밖에 없다.

그런데 왜 하필 그가 최종 프레젠테이션의 주인공으로 등장했을까? 그것은 바로 아리스토텔레스가 말한 에토스의 요소에 잘 부합하는 인물이기 때문이다. 한국 축구를 대표하는 아이콘으로서 박지성의 존재 자체가 큰 영향력이다.

한 조사에 따르면 에토스, 즉 누가 말하는가 하는 점이 설득 과정에서 60퍼센트 정도의 영향을 미친다고 한다.

파토스Pathos란 연설을 듣는 사람, 즉 청자의 심리 상태를 의미한다. 연설을 듣는 사람의 감정은 연사의 설득 작업에 큰 영향을 준다. 똑같은 주제로 연설을 한다고 해도 듣는 사람이 기쁘고 좋은 감정일 때와 무섭거나 고통스러워하는 상태일 때 설득의 결과는 전혀 다르게 나타날 수 있다.

연설을 듣는 사람들과의 공감이나 교감을 통해 그들의 감정 상태를 긍정적으로 만드는 것이 파토스의 중요한 역할이기도 하다. 감성적 분위기를 연출한다거나 감동적인 이야기를 발표의 주요 소재로 선택하는 것도 파토스의 중요한 요소가 될 수 있다. 전체 설득 과정에서 파토스가 차지하는 비중은 30퍼센트에 이른다고 한다.

로고스Logos는 상대방의 결정을 정당화시킬 수 있는 논리적 근거를 의미한다. 실증적 자료나 사실을 근거로 한 메시지의 본질을 의미한다. 근본적으로 인간은 어떤 결정을 내릴 때 합리적 이치에 근거하는 메시지가 있을 때 설득당할 가능성이 높다.

만약 프레젠테이션이라고 하면 각종 조사 자료나 사실을 뒷받침하는 데이터, 논리적인 전개 과정 등이 로고스에 해당된다. 로고스는 전체 설득 과정에서 10퍼센트 정도의 비중을 차지한다고 한다.

에토스나 파토스, 로고스 중 하나가 빠져 있으면 대중을 설득하기 어렵다. 성공적인 프레젠테이션이라고 하면 에토스와 파토스, 로고스가 적절하게 구성되어 있어야 한다. 굳이 순서를 들자면 에토스와 파토스, 로고스의 순서로 진행된다. 인품이 훌륭한 인물이 등장해 사람들의 신뢰감을 높이고, 감동적이고 정서적인 분위기로 청중의 마음을 연 다음, 논리적인 근거로서 청중을 설득하는 것이다.

현대 프레젠테이션의 성공 비결 속에는 아리스토텔레스가 2,000여 년 전에 말했던 설득의 3요소가 고스란히 포함되어 있다.

● 비즈니스 상식 ●

파워포인트는 언제 처음 나왔을까?

프레젠테이션 하면 빠지지 않는 것이 바로 마이크로소프트의 파워포인트다. 프레젠테이션 프로그램의 대명사로 불리는 이 소프트웨어는 과연 언제, 누가 만들었을까?

파워포인트는 포어소트Forthought라는 실리콘밸리의 한 벤처기업에서 시작됐다. 버클리 대학교 박사 출신인 밥 개스킨스Bob Gaskins는 회사 동료인 데니스 오스틴Dennis Austin, 톰 러드킨Tom Rudkin 등과 함께 프레젠테이션을 위한 소프트웨어를 개발한다. 파워포인트 1.0은 1987년 애플 매킨토시용으로 출시되었으며, OHP용의 흑백으로 나왔다가 곧이어 풀컬러 버전으로 출시됐다. 이후 포어소트와 파워포인트는 1,400만 달러의 가격으로 마이크로소프트에 팔렸다. 1990년 첫 번째 윈도 버전 파워포인트가 출시됐으며, 이후 마이크로소프트 오피스의 정규 품목에 포함됐다.

입으로 말하지 말고 몸으로 말하라
메라비언의 법칙

"나는 우리 민주주의가 크리스티나가 상상한 것과 같이 좋았으면 합니다. 우리 모두는 아이들의 기대에 부응하기 위해 최선을 다해야 합니다."

애리조나 총기 난사 사건 희생자들을 위한 추모 연설을 하던 미국의 오바마 대통령은 잠시 말을 멈추었다.

"……."

이어지는 박수 소리에도 오바마 대통령은 말을 할 듯 말 듯 망설이며 오른쪽을 한 번 쳐다봤다가 심호흡을 깊게 하고 어금니를 깨무는 모습을 보였다. 1초, 2초, 3초……. 침묵의 시간은 무려 51초나 계속됐다. 평소 같으면 일종의 '연설 사고'라고 할 만한 긴 침묵이었지만 반응은 폭발적이었다.

〈뉴욕타임스〉는 이 '51초의 침묵'에 대해 "오바마 대통령의 재임 기간에서 가장 극적인 순간 가운데 하나로 기억될 것"이라는 논평을 내놓았고, 야당인 공화당에서조차 오바마 대통령의 연설에 찬사를 보냈다.

듣기 좋은 낮은 톤의 목소리에 유려한 말솜씨로 당대 최고의 연설가 중 한 사람으로 꼽히는 오바마 대통령의 최고 연설이 아무 말도 하지 않았던 침묵의 순간이니, 아이러니가 아닐 수 없다.

때로는 길고 장황하게 하는 말보다 잠시의 침묵, 또는 눈을 한 번 깜박이거나 숨을 깊게 들이마시는 행동 하나가 자신의 의견과 생각을 전달하는 좀 더 뛰어난 커뮤니케이션 수단이 된다는 것을 오바마 대통령은 잘 알고 있었음이 분명하다.

흔히 메시지를 전달하는 가장 중요한 수단으로 말을 생각하지만, 실제로 메시지 전달 과정에서 말이 차지하는 비중은 생각보다 크지 않다고 한다. 미국 캘리포니아 주립대학의 앨버트 메라비언Albert Mehrabian 교수는 《침묵의 메시지Silent Messages》라는 책에서 표현과 의사소통에 대한 연구 결과를 소개했다.

메라비언 교수는 말로 표현된 메시지가 말의 내용과 목소리의 높낮이, 말하는 사람의 몸짓 등 세 가지 요소로 구성된다고 결론을 내렸다. 그런데 놀랍게도 이 세 가지 요소가 메시지를 전달할 때 차지하는 각각의 비중은 큰 차이를 보였다.

메라비언 교수의 연구에 따르면, 어떤 메시지를 전달할 때 말하는 내용이 차지하는 중요도는 7퍼센트에 불과한 것으로 나타났다. 내용은 훌륭하지만 특별한 감동이 전해지지 않는 연설을 들어본 적이 있을 것이다. 좋은 내용을 담고 있다고 해서 반드시 훌륭한 연설은 아니라는 지적이다.

메라비언 교수가 지적한 커뮤니케이션의 두 번째 요소는 목소리의 높낮이, 즉 목소리의 톤이다. 전달하려는 메시지의 38퍼센트는 말하는 사람의 목소리나 음색, 억양에 따라 크게 달라질 수 있다고 한다. 무명에 가까웠던 젊은 정치인 오바마를 대통령으로 만들어준 힘은 바로 듣고만 있어도 기분이 좋아지고 신뢰감이 생기는 오바마만의 낮고 매력적인 음색에 있다고 해도 과언이 아닐 것이다.

메라비언 교수는 메시지의 가장 많은 부분인 55퍼센트가 말하는 사람의 몸짓, 즉 보디랭귀지를 통해 전달된다는 점을 발견했다. 말보다 몸짓을 통해서 전달되는 메시지가 많다는 것은 귀에서 두뇌로 연결된 신경보다 눈에서 두뇌로 연결된 신경이 22배나 많다는 사실과 무관하지 않다. 말을 할 때 보이는 작은 몸짓이나 손의 위치뿐 아니라 심지어 걸음걸이까지도 듣는 사람에게는 장황한 여러 문장의 말보다 큰 영향을 미치고 있다는 것이다.

연설이나 대화에서 말 그 자체보다 몸짓이나 어조가 더 큰 영향을 미친다는 것이 바로 '메라비언의 법칙'의 핵심이다. 따라서 프레젠테이션을 비롯한 무대에서 가장 중요한 것은 전달하려고 하는 백마디 말이 아니라 자신감 있는 몸짓과 적극적인 자세다. 청중은 연사의 자세만 보고도 이미 내용을 평가해버리기 때문이다.

비즈니스 상식

스티브 잡스와 앙드레김의 공통점?

프레젠테이션으로 가장 주목받는 사람 중 하나가 바로 애플의 CEO인 스티브 잡스다. 그의 마력과 같은 프레젠테이션을 분석한 책도 여러 권 출간되어 있을 정도다.

스티브 잡스의 프레젠테이션을 유심히 살피다보면 발표 내용 못지않게 눈에 띄는 것이 하나 있다. 바로 복장이다. 언제 봐도 목이 약간 올라온 검정색 터틀넥 티셔츠에 리바이스 청바지, 그리고 N자가 선명하게 드러나는 뉴발란스 운동화를 신고 있다. 이런 똑같은 복장을 하고 있는 것이 벌써 10년이 넘었다.

조금은 후줄근해 보이는 터틀넥 셔츠가 미야케 이세이라는 일본 출신 디자이너의 옷이라고 한다. 잡스는 이 옷을 한꺼번에 수백 벌이나 주문할 정도라고 하니 그의 옷장에는 똑같은 셔츠와 청바지, 신발이 얼마나 많이 쌓여 있을지 짐작할 수 있다.

호사가들은 그의 복장에 대해 고도의 경영 전략이니, 자기연출 전략이니 말을 하지만 정작 본인은 그저 편하고 좋고 크게 신경 쓸 필요가 없어서라는 반응을 보이고 있다.

스티브 잡스의 패션을 보면 평생 흰옷만을 고집했던 디자이너 앙드레김이 떠오른다. 앙드레김은 일본의 유명한 소설가인 가와바타 야스나리의 소설 《설국雪國》을 읽고 감명을 받아 정신적인 순수함을 상징하는 흰옷을 입기 시작했다고 고백한 적이 있다. 잡스도 뭔가 깊은 감명을 받은 책이라도 있었던 것일까?

엘리베이터에 타서 내리기 전에 끝내라
엘리베이터 피치

"잠깐만요. 제게 좋은 시나리오가 하나 있는데 여기에 대해서 간단히 말씀을 드리고 싶습니다."

"지금은 시간이 없어서……."

"아주 잠깐이면 됩니다."

"음… 그럼 엘리베이터 타고 내려가는 동안 간단히 설명해줄 수 있겠소?"

자신이 쓴 대본을 제작자에게 팔아야 하는 극작가나 투자자를 찾는 영화감독들, 그리고 좋은 작품을 물색하고 있는 할리우드의 제작자나 투자자들 사이에서 종종 벌어지는 광경이다. 두 시간이 넘는 영화라도 아주 짧은 시간 동안 그 영화의 가치와 흥행성에 대해 인상적으로 어필할 수 있어야 한다.

이렇게 30초에서 1분 사이의 짧은 시간 동안 효과적으로 자신의 의사를 전달하는 기술을 '엘리베이터 피치pitch' 또는 '엘리베이터 스피치speech'라고 한다. 아무리 좋은 대본을 써도 효과적으로 설명하지 못하면 빛을 보지 못한다. 그런 의미에서 엘리베이터 피치는 할리우드의 시나리오 작가와 영화감독들에게 필수적인 능력 가운데 하나다.

할리우드에서 시작된 엘리베이터 피치는 최근 기업 활동에서도 활발하게 사용되고 있다. 중요한 인터뷰나 투자 프레젠테이션 등에서

간결하게 핵심을 전달하는 기법으로 매우 중요하게 다루어지고 있기 때문이다.

　본격적인 프레젠테이션을 앞두고 30~60초 안팎의 시간 동안 의사결정권자에게 제품이나 서비스, 프로젝트에 대한 개요를 압축적으로 설명하는 데도 엘리베이터 피치가 필수적이다. 이 짧은 시간 동안 관심을 끌 수 있어야 본격적으로 진행될 프레젠테이션에 더욱 집중하도록 만들 수 있기 때문이다.

엘리베이터 피치는 경영대학원MBA에서 단골로 가르치는 메뉴이며, 매년 MBA 학생들이 참여하는 엘리베이터 피치 경연대회가 열리기도 한다. 실리콘밸리에서 활동하는 벤처기업가들에게도 엘리베이터 피치는 필수다. 엘리베이터 피치를 제대로 하지 못한다면 투자를 받기도 어렵고 사업을 지속하기 힘든 상황에 빠질 수도 있다.

보통 30초 안팎에 이루어지는 엘리베이터 피치를 통해서 의사 결정까지 이끌어내기란 쉬운 일이 아니다. 엘리베이터 안에서 모든 것을 끝내려고 하면 안 된다. 중요한 것은 상대방이 엘리베이터에서 내리는 순간 관심을 보일 수 있도록 하는 것이다.

"좀 더 자세한 내용을 듣고 싶은데 나중에 다시 연락 주시겠소?"

만약 상대방이 엘리베이터에서 내리면서 연락해달라고 명함을 건넨다면 엘리베이터 피치가 성공적이었다고 할 수 있다.

엘리베이터 피치에 성공하려면 자신이 가지고 있는 기획안이나 문제 해결안에 대해 완벽하게 이해하고 있어야 한다. 어설프게 알고 있으면 결코 짧게 말할 수 없다. 짧게 말할 수 있다는 것은 해당 콘텐츠에 대해서 가장 확실하게 파악하고 있다는 것을 의미한다.

• 비즈니스 상식 •

엘리베이터 피치 때 꼭 필요한 NABC

엘리베이터 피치는 순발력만 있다고 해서 되는 것이 아니다. 짧은 시간 안에

재빨리 의사를 전달할 수 있어야 한다. 짧은 시간 동안 요점을 정확하게 전달할 때 사용할 수 있는 커뮤니케이션 방식이 바로 NABC 기법이다.

NABC 기법은 미국 스탠퍼드 연구소에서 활용하는 커뮤니케이션 방법으로, 원래는 신규 서비스나 상품을 개발할 때 사용되는 툴로서 주로 활용되어왔지만 엘리베이터 피치의 초안으로도 많이 활용되고 있다.

NABC는 'Needs, Approach, Benefit, Competition'의 머리글자다. 즉 수요, 방법론, 비용 대비 혜택, 경쟁이라는 네 가지 요소를 의미한다. 구체적으로 N은 고객이나 시장의 요구에 대한 분석, A는 고객의 수요를 충족시킬 수 있는 자신만의 특별한 방법, B는 그 해결책이 안겨주는 이익 또는 기대효과, C는 차별화되는 경쟁력을 의미한다.

NABC 기법은 엘리베이터 피치뿐만 아니라 회사 내 각종 보고에도 유용하게 활용할 수 있다. 상사에게 업무와 관련된 보고를 할 때 역시 이 네 가지 요소를 지키면 상사가 두 번 물어보거나 추가 보충을 지시하는 경우가 많이 줄어들 것이다.

맥킨지 사람들의 일 잘하는 비밀
MECE | 로직트리

"MECE, MECE, MECE."

세계적인 컨설팅 회사인 맥킨지 직원들이 귀가 따갑도록 듣는 단어 중 하나가 바로 'MECE'라고 한다.

MECE$^{\text{Mutually Exclusive and Collectively Exhaustive}}$란 서로 중복된 것

이 없고 누락된 것도 없게 하라는 의미로, 맥킨지식 지식 사고의 기본 정신이기도 하다. 문제를 중복되지 않는 별개의 이슈들로 구분하고 문제와 관련되는 이슈는 어떤 것이라도 빠뜨리지 않는다는 뜻이다. 마치 고장 난 시계를 분해하듯이 모든 문제를 해결하기 가장 적합한 상태로 바꾸는 과정이라고 할 수 있다.

감에 의존해서 주먹구구식으로 문제에 접근하는 것이 아니라 문제의 핵심을 정확히 찾아서 구조화함으로써 해결 방법에 빠르게 접근할 수 있다.

"왜 이렇게 빠진 부분이 많아. 했던 이야기 하고 또 하면서 중복된 내용도 많잖아."

보고서나 기획서에 MECE를 적용하면 상사에게 보고할 때마다 듣던 이러한 잔소리도 더 이상 듣지 않을 수 있다.

MECE를 활용해서 문제를 세분화하는 데 사용하는 가장 보편적인 도구가 '로직트리 Logic Tree', 즉 논리나무다.

로직트리란 가장 중요한 부분에서 시작해 차츰 비중이 낮은 부분으로 옮겨가면서 문제의 모든 구성 요소를 계층적으로 분석하는 것을 말한다. 예를 들어 수익률 증대를 고민하는 기업이 있다고 가정하자. 수익률을 높이기 위해서는 판매가를 높이거나 비용을 줄이는 방법이 있다. 판매가를 높이기 위해서는 기능을 추가하거나 디자인을 개선해야 하고, 비용을 줄이기 위해서는 부품 또는 원료를 바꾼다거나 구매 방식을 개선할 수 있다.

큰 문제에서부터 작은 문제로 나뭇가지를 치듯이 문제를 찾아가는 방식이다. 이 과정에서 각각의 전개는 서로 중복되거나 누락되지 않아야 하는 MECE 원칙을 반드시 지켜야 한다.

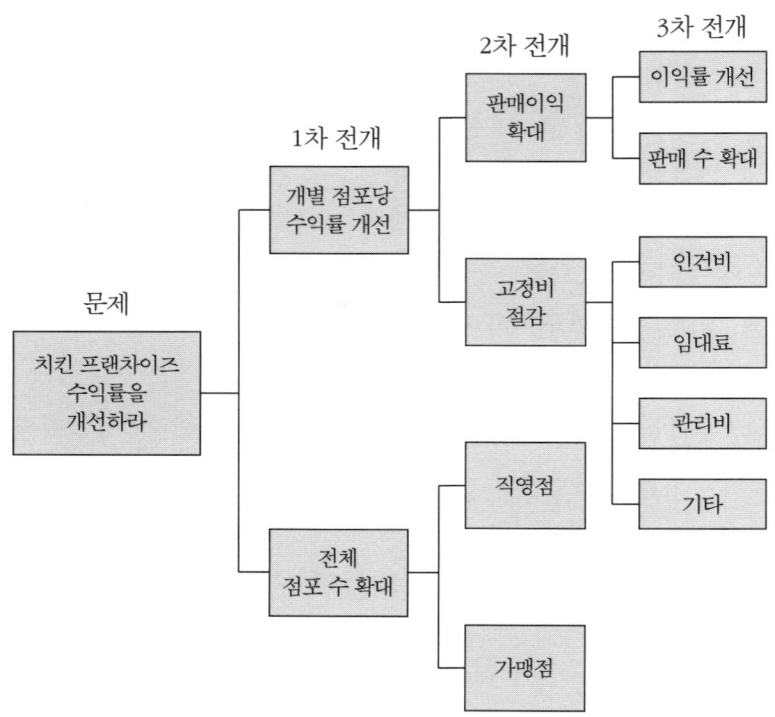

맥킨지 출신들은 어떤 방식으로 회사를 떠나든 상관없이 과거의 직원을 가리키는 말로 '동창Alumni'이라는 용어를 사용한다. 맥킨지 '동창생'들은 회사를 떠날 때 모든 것을 다 버리고 가더라도 MECE와 로직트리 같은 고유의 문제 해결 방식만큼은 결코 잊지 않고 챙겨 간다고 한다. 그 덕분에 맥킨지 스타일의 업무 방식이 대외적으로 널리 알려졌으며 일반 기업에서도 문제 해결 방식으로 활용되고 있다.

● 비즈니스 상식

슬라이드는 갈지자로 써라?

프레젠테이션 슬라이드의 내용이 갈팡질팡 '갈지자'가 되어서는 안 되겠지만 디자인의 레이아웃만큼은 갈지자가 되는 것이 좋다. 새로운 사물을 볼 때 사람의 시선은 왼쪽 상단에서 오른쪽 상단, 그리고 왼쪽 하단에서 오른쪽 하단으로 이동한다고 한다.

이것을 영어 알파벳으로 보면 마치 Z, 한자로는 갈 지^z 자 같은 모양이 된다. 눈에 익숙하지 않은 방식으로 슬라이드의 레이아웃이 꾸며져 있으면 내용이 한눈에 빨리 들어오지 않을 뿐 아니라 눈이 익숙하지 않은 움직임을 보여야 하기 때문에 정보를 받아들이는 속도가 늦을 수밖에 없다. 반드시 통과돼야 하는 프레젠테이션이라면 슬라이드의 사소한 레이아웃 하나에도 신경을 기울여야 한다.

가벼운 사례로 시작하라
EOB 법칙

"정의를 공부하는 이 강좌를 이야기 하나로 열어보겠습니다. 자신이 전차 기관사라고 가정해봅시다. 전차는 시속 100km 정도로 달리고 있는데 선로 앞쪽에 작업 중인 인부 5명이 보입니다. 아무리 애를 써도 전차는 멈추지 않습니다. 브레이크가 고장 난 것이죠. 당신은 필사적인 심정입니다. 전차와 충돌할 경우 인부 5명이 죽는다는 걸 알기 때문이죠. 당신은 안절부절 어쩔 줄을 모릅니다. 그러던 중 당신의 눈에 오른쪽으로 난 비상 철로가 들어옵니다. 그 비상 철로 끝에는 인부 1명이 작업을 하고 있습니다. 핸들은 고장 나지 않았습니다. 마음만 먹으면 방향을 바꿔 비상 철로로 가서 1명을 희생시키고 5명을 살릴 수 있죠. 첫 번째 질문입니다. 어떻게 하는 것이 옳을까요?"

베스트셀러 《정의란 무엇인가》로 우리나라에서도 큰 화제가 되었던 마이클 샌델 교수의 첫 번째 강의 내용이다. '벤담의 공리주의'라는 소제목을 달고 있는 이 첫 강의는 바로 작은 사례 하나로 시작된다. '벤담' 또는 '공리주의' 같은 무겁고 딱딱한 단어가 하나도 들어 있지 않지만 전체 강의에서 말하고자 하는 주제에 대해 학생들을 몰입시키는 놀라운 힘을 보여주고 있다.

프레젠테이션을 위한 커뮤니케이션 법칙 가운데 'EOB 법칙'이 있다. EOB란 예시Example, 핵심 정리Outline, 이익Benefit의 머리글자로, 예시로 시작해서 개요를 말하고 마지막에 이익을 언급한다는 뜻이다.

강의와 마찬가지로 프레젠테이션도 도입부에서 전달하고자 하는 주제와 관련된 실제 사례나 예화 등을 언급하는 것이 매우 중요하다. 실제 사례는 아무리 무겁고 어려운 이야기라도 쉽고 부드럽게 만들어주는 효과가 있기 때문이다. 또한 생동감 있는 이야기는 청중의 공감을 이끌어내고 이야기 속으로 빨려들게 하는 힘이 있다.

자신의 이야기나 실제 일어난 실화를 바탕으로 한 근거 있는 사례가 좋으며, 사례로 드는 이야기가 주제와 밀접한 관련이 있어야 함은 물론이다.

아웃라인Outline은 주제에 대한 핵심을 정리하는 것이다. 사례를 통해 이야기를 전달하는 것이 이해하기 쉽지만 너무 방만하게 전달되거나 사례 속에 파묻혀 정작 말하고자 하는 주제는 잊힐 가능성도 있다. 이때 전달하고자 하는 내용을 간략하게 정리해서 청중에게 그 핵심을 알리는 것이 필요하다.

마지막은 이익이다. 지금까지 해온 이야기가 청중에게 어떤 이익을 제공해줄 수 있는지 밝혀야 한다. 이 제품이나 서비스를 이용했을 때, 이 회사에 투자를 했을 때 얻을 수 있는 이익에 초점을 맞추어 이야기를 마무리하는 것이다.

이익을 제시하는 부분은 곧 이 발표의 결론이기도 하다. 결론은 간단명료하게 마무리하는 것이 좋다. 장황하거나 반복적인 이야기로 시간을 끄는 것은 금물이다.

● 비즈니스 상식 ●

명연설자는 모두 말더듬이?

제83회 아카데미상 12개 부문 후보에 오른 〈킹스 스피치 King's Speech〉라는 영화는 말더듬이 영국 국왕 조지 6세의 이야기다. 형 에드워드 8세가 심프슨 부인과 '세기의 스캔들'로 물러나면서 얼떨결에 왕위를 계승한 조지 6세는 심하게 말을 더듬는 버릇 때문에 대중 앞에서 연설하는 것을 두려워한다. 하지만 때는 제2차 세계대전의 긴박한 상황. 그는 괴짜 언어치료사의 도움으로 말더듬증을 극복하고 라디오를 통해 독일에 선전포고를 하는 감동적인 연설을 하게 된다. 비록 화려한 달변은 아니었지만 차분한 '공감의 힘'으로 국민을 감동시켜 나라를 지키고 전쟁에서 영국이 승리하는 데 일조하게 된다.

인류 역사상 최고의 웅변가였던 데모스테네스가 말더듬이였다는 사실은 이미 앞에서 언급했지만, 그 밖에도 세계적으로 유명한 말을 남긴 지도자 중에는 의외로 말더듬이가 제법 있다.

대표적인 인물은 처칠이다. 처칠은 '에스^S' 발음을 제대로 못해 늘 술에 취해 있다는 비아냥거림을 받기도 했지만, "나는 피, 수고, 눈물과 땀밖에 드릴 게 없다"는 말로 유명한 제2차 세계대전 중 의회 연설은 지금까지도 많은 사람들의 입에 오르내리는 명연설로 기억되고 있다.

좋은 연설이나 발표라는 것이 화려한 수사나 언변이 아니라 사람들의 마음을 움직이는 공감 능력이라는 것을 증명해주는 사례라고 할 수 있다.

처음 30초, 마지막 30초에 집중하라
초두효과 | 최신효과

"여러분께 선보이기 위해 대단한 것을 준비했습니다. 오늘 공중에는 in the Air 분명 뭔가 있습니다."

스티브 잡스는 2008년 애플의 맥월드 프레젠테이션을 통해 신제품 초경량 노트북 맥북에어를 선보였다. 이날 잡스는 프레젠테이션의 오프닝으로 '에어 air'를 언급함으로써 호기심과 함께 기대감을 불러일으키는 효과를 거두었다.

첫인상이 매우 중요하다는 사실을 모르는 사람은 없을 것이다. 프레젠테이션도 마찬가지다. 청중과 만나는 첫인상이 무척 중요하다.

"오늘 발표는 들을 만한 내용이겠는데."

"오늘 내용은 들어보나 마나다."

청중은 프레젠터와 처음 만나는 짧은 시간 동안 프레젠터가 신뢰할 만한지, 앞으로 계속해서 이야기에 귀 기울일 만한 가치가 있는지 모든 것을 스스로 판단한다.

미국의 사회심리학자 고든 올포트Gordon Allport가 주장한 '대인 지각 이론'을 보면 사람을 만났을 때 처음 30초 동안 상대의 성격이나 신뢰도, 성실성 등을 일정 부분까지 측정할 수 있다고 한다.

이처럼 인간의 뇌는 짧은 시간 안에 첫인상을 결정하고 그 이미지를 저장하는데, 이를 심리학 용어로 '초두효과Primary Effect'라고 한다. 이 이론에 따르면, 적어도 30초 안의 짧은 시간 동안 어색한 분위기를 깨고 본론에 집중할 수 있도록 만들어야 한다.

그런 의미에서 프레젠터에게 처음 30초는 전체 프레젠테이션의 성패를 좌우할 수 있는 가장 중요한 시간이다. 초반의 분위기를 장악하려면 가능한 한 빠른 시간 안에 긴장과 어색함의 벽을 허무는 것이 중요하다. 청중의 가슴속에 있는 감성을 자극해서 관심을 갖도록 하는 것도 필요하다.

프레젠터에게 첫인상을 줄 수 있는 요소란 당당한 태도나 몸짓, 단정한 외모 등이 될 수 있다. 가벼운 유머 또는 일상생활이나 발표자와 관련된 가벼운 사례로 시작하되, 청중의 관심을 불러일으킬 수 있는 인상적인 오프닝이 되도록 하는 것도 필요하다. 좋은 첫인상을 남길 수 있는 두 번째 기회란 없는 법이다.

물론 첫인상을 바꿀 수 있는 기회도 있다. 하지만 단 30초 만에 형성된 잘못된 첫인상을 바꾸는 데는 30시간도 넘는 긴 시간이 필요하게 된다.

프레젠테이션의 처음을 잘 열었다면 마무리를 잘하는 것도 중요하다. 사람들은 강한 첫인상을 갖는 것만큼이나 마지막도 잘 기억한다. 첫인상과 마찬가지로 마지막 순간도 깊이 기억하는 것이다.

따라서 프레젠테이션의 마지막 30초도 중요하다. 그것을 뒷받침하는 이론이 바로 '최신효과 Recency Effect'다.

우리가 책이나 영화를 보고 났을 때 구체적인 전체 내용은 잘 기억하지 못해도 엔딩 장면은 또렷하게 기억하는 것도 바로 최신효과 때문이다.

처음 2분과 중간 프레젠테이션을 잘해놓고도 마지막을 흐지부지하게 끝내버리면 청중은 그 프레젠테이션 전체를 인상적으로 기억하지 못할 것이다.

스티브 잡스의 2005년 스탠퍼드 졸업식 축사는 최고의 명연설 중 하나로 많은 사람들에게 기억되고 있다. 삶과 죽음과 꿈에 대해서 말하고 있는 이 연설의 마지막 문장은 바로 "늘 갈망하고 우직하게 나아가라"는 의미의 "Stay Hungry. Stay Foolish"였다. 지금도 스티브 잡스의 연설을 언급할 때마다 이 문장이 인용될 정도로 인상적인 클로징이었다.

프레젠테이션을 성공적으로 끝내고 싶다면 스티브 잡스처럼 마지막에 인상적인 한마디를 던지는 것이 좋다. 그것이 유력 인사가 했던 유명한 말이든, 책에 나오는 멋진 구절이나 고사 또는 격언이든 상관없다. 설득을 위한 자리라면 흔들리는 상대방을 확실하게 쓰러뜨리는 결정타가 될 수 있다.

● 비즈니스 상식 ●

프레젠테이션 할 때 뭘 입을까?

발표자가 되어 무대에 설 때는 의상에 대해서도 신경이 쓰일 수밖에 없다. 뭔가 눈에 띄고 달라 보여야 한다는 강박관념 때문에 톡톡 튀는 화려한 '무대의상'에 집착하는 경우도 있다. 하지만 비슷한 데라고는 한 군데도 없는 사람에게서 친근감과 유사성을 느끼기는 어렵다.

프레젠테이션을 할 때는 TPO를 고려한 복장을 갖추는 것이 좋다. TPO란 시간Time, 장소Place, 상황Occasion을 말한다. 같은 내용의 발표라도 언제 하느냐, 어디서 하느냐, 어떤 상황에서 하느냐에 따라 복장은 달라질 수 있다. 기본적으로는 신뢰감을 주는 군청색이나 검정색 정장에 흰색 셔츠나 블라우스가 무난하다. 여기에 포인트를 줄 수 있는 넥타이나 액세서리를 고르는 것이 좋다.

중요한 것은 세 가지로 말하라
3의 법칙

"오늘 아침, 여러분께 보여드릴 놀라운 것들을 준비했습니다. 모든 고전 명작은 3막으로 구성되어 있습니다. 그래서 제 프레젠테이션도 3막으로 구성했습니다. 자, 시작합니다. 1막은 아이맥iMac입니다."

2005년 10월, 애플의 신제품 발표회인 '스페셜 이벤트'가 시작되

었다. 프레젠테이션 무대는 오래된 오페라 극장을 연상시켰고 대형 화면 위에는 연극 무대에서 사용하는 주름진 붉은색 커튼이 드리워져 있었다.

  잡스가 프레젠테이션의 시작을 알리자 마치 연극의 한 막이 시작되듯 커튼이 올라갔다. 잡스는 자신의 프레젠테이션이 한 편의 잘 만든 고전 명작처럼 꾸며지길 바랐던 것이다.

스티브 잡스는 이 시대 최고의 프레젠터로 불린다. 그의 프레젠테이션 비밀을 밝히는 책만 해도 수십 종이 나와 있을 정도로 많은 사람들의 연구 대상이 되고 있다. 잡스식 프레젠테이션을 설명하는 수많은 법칙과 규칙이 있지만 그중 빼놓을 수 없는 것이 바로 '3의 법칙'이다.

잡스는 '3'이라는 숫자의 마법에 대해서 누구보다 더 잘 알고 있었다. 실제로 잡스는 3부 구조의 프레젠테이션 구성을 즐겨 사용해왔다. 프레젠테이션에 소개하는 제품도 주로 세 가지에서 크게 벗어나지 않았고 특징도 세 가지로 요약해서 제시하는 경우가 많았다. 3이란 숫자가 사람들에게 친숙하고 설득력을 갖고 있다는 것을 잘 알고 있기 때문이다.

인간이 3이라는 숫자에 친숙해진 것은 이미 오래전의 일이다. 그리스 시대의 희곡부터 모든 이야기의 기본은 3부 구조로 되어 있다. 역사적으로 뛰어난 영화, 소설, 연극, 그리고 프레젠테이션은 대부분 3부로 구성되어 있다. 2,000년이 지난 지금도 극작법에서는 여전히 3부 구조를 가르치고 있다.

연극이나 소설을 떠올리지 않아도 우리의 삶은 3과 매우 밀접하게 연관돼 있다. 기독교에서 말하는 성부와 성자와 성령의 삼위일체, 믿음과 소망과 사랑의 정신이 그렇고, 아이를 낳게 해준다는 삼신할미, 만물의 이치라는 '천지인天地人' 모두 숫자 3을 기반으로 하고 있다.

삼국지나 삼총사, 곰 세 마리도 마찬가지다. 사람들은 세 가지 정보가 주어졌을 때 가장 쉽게 받아들이고 가장 쉽게 기억한다. 그래서 가장 중요한 것은 세 가지로 요약되며 3을 마법의 숫자라고 부르는 것이다.

기업 경영 현장에서도 3은 매우 중요한 숫자다.

"이 문제에 대한 해결 방법은 세 가지로 요약할 수 있습니다."

세계적인 컨설팅 회사인 맥킨지의 프레젠테이션 기법에도 3의 법칙이 포함되어 있다. 한 가지 업무 목표를 제시한 다음 그 목표에 대한 타당성 세 가지를 찾으라고 하는 식이다.

하버드나 MIT, 와튼 스쿨의 MBA 과정에서도 토론과 발표, 글쓰기에 중요한 수단으로 숫자 3이 등장한다. 학생들은 개인적인 단순한 질문에도 첫째, 둘째, 셋째 식으로 세 가지 요점을 정리해 자신의 의사를 전달하도록 훈련받고 있다. 논리적인 글을 쓰거나 발표를 할 때도 마찬가지다.

숫자 3은 사람이나 기업에게 일어나는 복잡하고 어려운 일들을 명쾌하게 정리해주는 마법도 가지고 있다. 듀폰은 3의 법칙을 활용해 위기에서 벗어난 경험을 가지고 있다.

"회사가 지금 매우 어려운 상황에 처해 있습니다. 위기를 극복하기 위해 다음과 같은 세 가지 조치를 취하려고 합니다."

듀폰의 CEO였던 채드 홀리데이는 회사가 위기에 처하자 임원들과 전문가들을 모아놓고 회생 계획을 수립한 다음 직원들에게 세 가지 계획으로 압축해서 전달했다. 그 덕분에 6만 명이나 되던 직원들은 간단명료한 회사의 회생 계획을 빠르게 받아들이고 열흘 안에 바로 실행에 들어갈 수 있었다.

회사가 처한 현재 상황에 대해 구구절절 장황하게 전달하려고 했다면 아마 6만 명에 달하는 직원들이 그렇게 빨리 일사분란하게 한 방향으로 나아가지 못했을 것이다.

• 비즈니스 상식 •

8자리 전화번호가 잘 안 외워지는 이유

미국의 심리학자 조지 밀러George A. Miller는 〈마법의 숫자 7〉이라는 논문에서 보통 사람의 기억은 한 번에 일곱 단위 이상 감당하기 어렵다고 주장했다. 기억해야 할 목록의 가장 보편적인 형태가 7인 이유도 바로 이 때문이다. 세계 7대 불가사의나 《성공하는 사람들의 7가지 습관》, 백설공주와 일곱 난쟁이 같은 경우가 대표적이다. 7의 법칙이 가장 잘 드러나는 예는 전화번호다. 일곱 자리 전화번호를 줄줄 외우는 사람들이 단 한 자리만 늘어난 여덟 자리 전화번호를 잘 외우지 못하는 이유도 여기에 있다.

— 비즈니스 2단계 —
communication

비즈니스 2단계 ──
communication

내 뜻대로 상대를
움직이는 협상의 법칙

거래처와 거래 조건을 협의하거나 고객에게 제품을 판매하는 일, 또는
회사와의 연봉 협상 등 협상은 비즈니스맨이 하는 일의 많은 부분을 차지한다.
따라서 뛰어난 협상력은 비즈니스맨에게 곧 엄청난 경쟁력을 의미한다.
협상 테이블에서 넋 놓고 있다 상대의 페이스에 휘말려 손해 본 적이 있는가?
그렇다면 다음의 법칙들을 꼭 기억해두라.
협상 상대가 당신을 설득하기 위해 구사하는 교묘한 기술을 알아채게 될 테니.
자, 이젠 당신이 원하는 방향으로 상대를 유혹할 차례다.

큰 숫자는 작게 쪼개서 보여줘라 **퍼니 머니**
큰 부탁을 할 때는 작은 부탁부터 '야금야금' **풋 인 더 도어**
큰 부탁이 어렵다면 작은 부탁이라도 **도어 인 더 페이스**
일단 저질러놓고 수습은 나중에 **로볼 전술**
처음에 크게 질러야 술술 풀려 **하이볼 전술**
한 사람은 뺨 때리고, 한 사람은 달래고 **좋은 형사 나쁜 형사 전술**
얇게 썬 소시지처럼 조금씩 챙겨라 **살라미 전술**
이기고도 진다? **승자의 저주**
싸게 샀는데 왜 기분이 찜찜하지? **승자의 속박**
엉뚱한 미끼를 던져 상대를 교란시켜라 **레드헤링**

Episode

공무원 연봉 동결시키고도
박수받은 레이건 대통령

미국의 레이건 대통령은 뛰어난 정치가이자 위대한 커뮤니케이터로 유명하다. 그는 연방정부 공무원들을 상대로 한 임금 협상에서 연봉을 한 푼도 올리지 않으면서 350만 명의 연방 공무원들로부터 박수를 받는 놀라운 능력을 보여주었다.

레이건 정부 시절 미국 연방정부의 재정 상태는 말이 아니었다. 감세 정책 때문에 수입은 줄어들었으나 방위비 증강 등으로 지출은 크게 늘어났기 때문이었다. 연방정부의 재정이 부실한 탓에 공무원들의 임금도 몇 년째 동결되어 그로 인한 불만이 폭발하기 일보 직전이었다.

"정부는 공무원들의 임금을 인상해달라!"

임금 인상을 요구하는 공무원들의 여론이 거세게 일자 레이건 대통령은 결국 기자회견을 열 수밖에 없었다. 레이건 대통령은 엄숙한 표정으로 말했다.

"여러분이 잘 알다시피 연방정부의 재정 상태가 무척 좋지 않습니

다. 불가피하게 올해 공무원들의 임금을 5퍼센트 삭감할 수밖에 없을 것 같습니다."

공무원들에게는 날벼락 같은 소리였다. 공무원 사회는 벌집을 쑤셔놓은 듯 난리가 났다. 모두 들고일어나서 연방정부와 대통령을 압박했다. 하지만 몇 주가 지나도록 레이건 대통령은 특별한 반응 없이 꼼짝도 하지 않았다.

몇 주가 지난 뒤 레이건 대통령은 도저히 더 이상은 버틸 수 없다는 듯 다시 기자회견을 요청했다. 그리고 중대 발표를 했다.

"참으로 오랫동안 고민에 고민을 거듭했습니다. 연방정부의 재정이 어려운 것은 사실이지만 공무원들의 사기 또한 고려하지 않을 수 없습니다. 연봉을 5퍼센트 삭감하려던 모든 계획을 백지화하도록 하겠습니다. 결코 연봉 삭감은 없을 것입니다."

많은 공무원이 레이건 대통령의 발표에 환호하면서 안도의 한숨을 내쉬었음은 물론이다. 처음부터 연봉 동결을 발표했더라면 아마 원하던 결과를 얻지 못했을 것이다. 연봉을 한 푼도 올려주지 않으면서 모든 사람의 만족을 이끌어낸 레이건이야말로 탁월한 협상가의 면모를 가지고 있었음에 틀림없다.

큰 숫자는 작게 쪼개서 보여줘라
퍼니 머니

춘추전국시대의 고사 중에 '조삼모사朝三暮四'라는 말이 있다. 송나라 저공狙公이란 사람이 원숭이를 기르고 있었는데 먹이가 부족해지자 원숭이들에게 주는 도토리 숫자를 줄일 수밖에 없었다.

저공은 원숭이들을 불러놓고 "앞으로는 도토리를 아침에 세 개, 저녁에 네 개씩만 주겠다"고 말했다. 그러자 원숭이들이 들고일어났다. 아침에 도토리 세 개로는 배가 고파서 견딜 수 없다는 것이었다. 그러자 저공은 새로운 조정안을 냈다.

"그렇다면 앞으로 아침에 네 개, 저녁에 세 개씩을 주겠다."

그랬더니 원숭이들이 기뻐하면서 만족하고 돌아갔다는 이야기다.

숫자란 어떻게 표현하느냐에 따라 다른 느낌으로 받아들여지기도 한다. 때문에 사람들도 조삼모사에 속아 넘어가는 원숭이처럼 숫자의 장난에 휘말리는 경우가 많다.

숫자와 관련된 협상 전술 가운데 대표적인 것이 바로 '퍼니 머니Funny Money' 전술이다. 퍼니 머니란 '기이하거나 수상쩍은 돈'이라는 뜻이다. 같은 금액이라도 처음 비용을 적게 하고 나중에 내야 할 돈을 많게 하거나, 잘게 쪼개 얼마 안 되게 보이도록 하는 것이다. 똑같은 금액이라도 어떻게 제시하느냐에 따라 받아들이는 사람들의 반응이 크게 달라진다.

자동차처럼 가격이 비싼 상품들을 판매할 때 이런 방법들이 자주 사용된다. 3,000만 원짜리 자동차를 5년 할부로 구매하려면 한 달에 50만 원씩 내야 한다. 하지만 자동차 판매회사는 그렇게 정직하게 이야기하지 않는다.

"처음 1년은 월 10만 원씩만 내시고, 나머지는 4년 동안 분할 납부하시면 됩니다."

나머지 4년은 먼 훗날의 일이기 때문에 소비자들의 피부에 잘 와 닿지 않는다. 소비자들은 당장 돈을 내야 하는 1년에 대해서만 생각하고 "월 10만 원으로 3,000만 원짜리 새 자동차를 살 수 있다"고 받아들이는 것이다.

보험회사에서도 퍼니 머니 전술을 종종 활용한다. 보험금을 하루 단위로 쪼개서 제시하는 것이 대표적이다. 가령 한 달에 10만 원씩 내야 하는 건강보험 상품을 판매하고 있다고 하자. 이미 이런저런 보험 상품에 많이 가입한 소비자들 입장에서는 월 10만 원도 부담스러울 수 있다. 이럴 때 보험회사 역시 정공법을 택하지 않고 돌아간다.

"하루 3,330원으로 여러분의 건강을 평생 책임집니다."

소비자들은 한 달에 10만 원은 목돈이라고 생각해도 하루 3,330원은 큰돈이라고 생각하지 않는다. 말 그대로 스타벅스의 카페라테 한 잔 값도 안 되는 푼돈이다. 하루에 커피 한 잔만 안 마시면 평생 병원비 걱정을 하지 않을 수 있다는 생각으로 선뜻 계약서에 서명을 하게 되는 것이다.

퍼니 머니는 협상 테이블에서도 유용하게 활용할 수 있다. 국제 원자재 가격 상승으로 매달 납품하는 부품의 가격을 올려야 하는 회사가 있다고 하자. 전체적으로는 매달 납품하는 금액에서 월 1,000만 원 정도의 인상이 불가피하다.

하지만 납품을 받는 업체 입장에서는 순순히 가격을 올려줄 리가 없다. 이럴 때 역시 1,000만 원이라는 금액을 감추고 푼돈을 테이블 위에 꺼내놔야 한다.

"부품 한 개당 100원 정도의 인상 요인이 있습니다."

납품을 받는 업체 입장에서 볼 때 1,000만 원이라고 하면 큰돈이라는 느낌이 들지만, 개당 100원이라고 하면 부담은 훨씬 줄어든다. 당연히 가격 인상 협상에서 승리할 가능성이 높아질 수밖에 없다.

그 밖에 당장 그 자리에서 정확하게 계산하기 힘든 복잡한 계산법을 앞세워서 실제 금액을 낮게 보이게 하거나 실제로는 별것 아닌 내용을 크게 부풀리는 방법도 퍼니 머니 전술이라고 할 수 있다.

패밀리레스토랑 메뉴판에 작은 글씨로 쓰여 있는 '부가세 10퍼센트 별도'도 마찬가지다. 2만 9,000원짜리 스테이크에 부가세 10퍼센트를 포함시키면 3만 1,900원이다. 하지만 사람들의 머릿속에는 3만 1,900원이 아니라 메뉴판 두꺼운 글씨로 새겨진 2만 9,000원이 먼저 자리를 잡고 있다. 때문에 레스토랑 입장에서는 음식 가격에 대한 소비자의 저항감을 줄이면서 자연스럽게 매출 10퍼센트 상승 효과를 기대할 수 있는 것이다.

퍼니 머니란 이렇게 상대방이 숫자에 대해 착각하게 만듦으로써 이익을 취하는 것이다. 돈과 관련된 협상이라면 어떤 식으로든 최대한 잘게 쪼갠 금액을 테이블 위에 올려놔야 한다. 만약 반대로 상대방이 그런 식으로 접근해온다면 조각난 금액을 이어 붙여서 실제로 드는 금액이 얼마인지 잘 따져보는 것이 필요하다.

• 비즈니스 상식 •

협상이 곧 사업, '네고'의 유래

가격 협상에서 자주 등장하는 '네고', 즉 네고시에이션negotiation은 라틴어에서 유래된 말로 'nec'라는 부정어와 여가leisure를 의미하는 'otium'의 합성어다. 다시 말해 여가가 아닌 시간, 곧 사업적으로 활동하는 시간이라는 뜻이다.

이 말이 처음 사용된 중세 유럽은 상거래가 활발히 전개되면서 비즈니스라는 개념이 처음 만들어지던 시기이기도 하다. 당시 사업을 하는 사람들에게는 쉬지 않는 시간이 곧 일을 하는 시간이었던 셈이다.

지금도 마찬가지지만 사업의 대부분은 협상이라고 해도 과언이 아니다. 임금을 협상하고, 고객과 가격을 협상하고, 거래처와 품질이나 납기를 협상한다. 중세의 'negotiation'이라는 말은 오늘날의 'business'와 거의 비슷한 의미로서, 협상이란 곧 비즈니스임을 보여주고 있다.

큰 부탁을 할 때는 작은 부탁부터 '야금야금' 풋 인 더 도어

"잠깐 문만 좀 열어주시면 현관에서 자료만 전해드리겠습니다."

귀찮기는 하지만 잠깐 자료만 건네준다고 하니 고객 입장에서도 큰 부담이 없다. 하지만 일단 문을 열어주고 이야기를 듣다보면 조그마한 틈이 생긴다.

"거실로 들어가서 조금만 더 자세한 설명을 드리는 것은 어떨까요?"

문밖에서 거실은 멀지만 현관에서 거실은 가깝다. 이미 현관까지 들어오도록 허락한 상태이기 때문에 거기서 거실로 들어오게 해달라는 요구를 쉽게 거절하지 못한다. 그러다보면 어느새 거실 소파에 앉아 방문판매 사원의 이야기에 집중하고 있는 자신을 발견하게 될 것이다.

협상을 할 때 처음부터 지나치게 큰 요구를 하면 상대방이 부담을 느껴 말을 꺼내자마자 거절당할 가능성이 매우 높다. 요구의 수위가 지나치게 높다고 느껴지면 깊이 생각해볼 필요도 없이 바로 거절을 해버리기 때문이다.

그럴 때는 상대방이 들어줄 만한 아주 작은 요구를 제시해서 상대방이 승낙을 하면 한 단계씩 높여가면서 그보다 더 큰 요구를 수용하게 하는 방법을 쓰는 것이 좋다.

이것을 '풋 인 더 도어 Foot In The Door' 테크닉이라고 한다. 말 그대로 우선 한쪽 발을 문 안으로 살짝 들여놓는 기술이다.

대부분의 사람들은 일단 작은 요구에 응하게 되면 그 후의 큰 요구도 쉽게 거절하지 못하는 경향이 있다.

그러므로 협상 테이블에 앉아서 상대방에게 뭔가를 받아들이도록 요구해야 할 때는 수위가 아주 낮은 부탁부터 시작해야 한다. 일단 작은 부탁을 들어준 사람은 그 후의 부탁도 거절하기 어려워하기 때문이다.

• 비즈니스 상식 •

이것 안 받으면 협상은 원천 무효!
'딜 브레이커'

협상에서는 논의해야 할 사항들이 무척 많다. 하지만 그중에서 절대 양보할 수 없는 결정적 요인이 하나 있다. 다른 모든 요건이 완벽하게 갖춰진다고 해도 어떤 한 요건이 충족되지 못하면 전체 협상이 성립되지 않는다. 그러한 요인을 협상에서 '딜 브레이커$^{Deal\ Breaker}$'라고 한다.

딜 브레이커는 단어 그대로 협상을 깨도록 만드는 요인을 뜻한다. 그 조건이 받아들여지지 않으면 협상 자체가 깨져버리기 때문에 협상에서 가장 핵심적인 내용이라고도 할 수 있다. 한-미 FTA에서 우리 측의 소고기와 미국 측의 자동차가 딜 브레이커 역할을 했다. 다른 조건을 다 충족시킨다고 해도 소고기나 자동차와 관련된 협상 조건이 만족되지 않으면 협상을 마무리할 수 없다고 양쪽이 모두 강경한 자세를 취했기 때문이다.

큰 부탁이 어렵다면 작은 부탁이라도
도어 인 더 페이스

"제가 이번에 출판사 영업 담당으로 취직을 했습니다. 우리 회사에서 나오는 100권짜리 백과사전이 있는데 한 질만 사주시지 않겠습니까?"

이런 부탁이라면 아무리 부모나 형제라고 해도 단번에 쉽게 들어주기 힘들다. 특별한 관계가 아니라면 대부분 그런 요구를 단칼에 거절할 것이다. 부탁을 한 사람 입장에서는 처참하게 '문전박대'를 당할 수밖에 없다.

하지만 문전박대를 당했다고 해서 상황이 완전히 끝난 것은 아니다. 한 번 거절을 당했다면 수위를 조금 낮춰 다시 작은 요구를 살짝 들이민다.

"백과사전이 어렵다면 매달 한 권씩 받아 보는 월간지를 좀 구독해주실 수는 있을까요?"

상대방의 요구가 어떠했든 일단 거절을 한 번 한 사람은 심리적으로 죄책감을 느끼게 마련이다. 아무리 친하지 않은 관계라고 해도 꺼내는 말마다 족족 거절할 수 있는 강심장은 흔치 않다. 처음 거절한 것에 대한 죄책감을 떨쳐버리기 위해서라도 약한 부탁 하나는 들어줘야 할 것 같다는 마음이 드는 것이 어쩔 수 없는 사람의 심리다.

일부러 상대방이 들어주지 못할 만큼 큰 부탁을 던져 상대로 하여금 거절하게 만들어 '문전박대'를 당하고, 조금 미안한 기분이 들게 한 다음 그 틈을 노려 작은 부탁을 들어주도록 요구하는 방식을 '도어 인 더 페이스Door In The Face' 테크닉이라고 한다.

당연히 출판사 영업 담당자가 노린 실제 목적은 백과사전 판매가 아니라 월간지 구독이었다.

실제로 도어 인 더 페이스 테크닉은 각종 협상 테이블에서 알게 모르게 많이 사용되고 있다. 올해 5퍼센트의 임금 인상을 목표로 협상 테이블에 앉은 노조 측 대표라면 순진하게 처음부터 5퍼센트의 인상안을 사측에 내밀지 않는다. 적어도 10퍼센트 인상안에 부대 조건으로 월 10만 원의 복리후생비 정도는 내걸어야 한다. 당연히 사측 대표는 말도 안 되는 조건이라면서 깜짝 놀랄 것이다.

그 조건을 가지고 한참 동안 밀고당기기를 한 다음 마지못하는 척 원래 목표로 했던 5퍼센트 안을 제시하며 협상을 타결하는 것이다.

● 비즈니스 상식 ●

평범한 보험 세일즈맨이 만년필 개발에 나선 이유는?

계약서에 서명을 하는 결정적 순간에 펜의 잉크가 번져 계약이 취소된다면 어떤 기분일까? 당장 달려가서 좋은 만년필이라도 하나 만들고 싶은 생각이 들 것이다. 만년필의 발명 순간에는 실제로 그런 일이 있었다.

역사적인 협상 장소에 반드시 등장하는 소품, 만년필. 만년필을 처음 발명한 사람은 영국인 프레더릭 폴슈다. 폴슈의 만년필은 펜대에 잉크 저장 탱크가 달려 있었으나 단순히 저장 기능만 있을 뿐 잉크가 나오는 것을 조절하는 기능은 갖추지 못한 초기 형태의 만년필이었다.

현대적인 만년필은 지금도 유명한 만년필 브랜드인 '워터맨'에서 출발했다. 1883년 어느 날, 평범한 보험회사 세일즈맨이었던 미국의 루이스 에드슨 워터맨 Lewis Edson Waterman은 황당한 경험을 하게 된다.

심혈을 기울인 영업에 성공해서 고객이 계약서에 서명하는 순간, 당시 주로 사용하던 깃털 펜에서 잉크가 주르륵 흘러나와 계약서가 엉망이 되고 만 것이다. 당황한 워터맨은 다른 종이를 가져오려 했지만 이미 엎질러진 물이었다. 고객이 불길한 징조라며 계약 자체를 취소해버리고 만 것이다. 화가 머리 끝까지 치민 워터맨은 보험 세일즈맨 일을 당장 그만두고 잉크가 떨어지지 않는 펜을 만들겠다고 작정했다. 그렇게 해서 개발한 만년필이 모세관 현상을 이용해서 잉크가 적당히 흘러나오도록 만든 워터맨 만년필이다. 만년필을 대중화하는 데 기여한 사람은 '파카' 만년필로 유명한 조지 새포드 파커George Safford Parker다. 파커는 만년필을 간편하게 주머니에 꽂고 다닐 수 있도록 클립을 다는 등 편리성을 더하는 변화를 줌으로써 큰 성공을 거두었다.

일단 저질러놓고 수습은 나중에
로볼 전술

"이월상품 파격 세일입니다. 20퍼센트 할인된 가격으로 사 가세요."

세일이라는 말을 들으면 평소 별로 살 마음이 없던 옷까지 사고 싶어진다. 매장 종업원의 도움을 받아 한동안 매장을 둘러보고 이런저런 옷을 입어보기도 한다. 한참을 고른 끝에 드디어 마음을 굳혔다.

"이것으로 주세요."

오랜만에 마음에 드는 옷을 싸게 살 수 있다는 생각에 기분이 좋다. 매장 종업원 역시 좋은 결정을 했다는 듯 환한 표정으로 고객이 고른 옷을 소중히 감싸 들고 계산대로 향한다. 하지만 잠시 후 매장 종업원이 난처한 표정을 지으며 돌아온다.

"고객님, 죄송한데 이 상품은 이월상품이 아니라서 10퍼센트밖에 할인이 안 되거든요. 제가 잘못 알았습니다. 정말 죄송합니다."

당신이 바로 그 옷을 고른 고객이다. 그리고 이런 상황을 맞았다면 과연 어떻게 할까? 오랜 시간 동안 옷을 고르는 과정에서 이미 그 옷은 당신의 마음속에 들어왔을 것이다.

종업원에게까지 마음에 쏙 든다고 말했는데 10퍼센트 할인 문제 때문에 옷을 안 사겠다고 하기엔 왠지 너무 쩨쩨한 사람처럼 보인다. 기분이 좀 찜찜하기는 하지만 이왕 결정한 것, 10퍼센트 할인만 받고라도 살 가능성이 높다.

처음에 문턱을 살짝 낮춰서 상대방을 끌어들인 다음 우연이나 실수를 가장해서 불이익을 주는 방법을 '로볼Low Ball' 전술이라고 한다. 상품을 설명하는 과정에서는 전혀 언급하지 않다가 고객이 구매를 결정하고 나면 잊었다는 듯 별도의 수수료나 세금 같은 것을 슬쩍 갖다 붙이는 것도 로볼 전술의 일종이라고 할 수 있다.

협상을 할 때 처음부터 상대방의 마음을 활짝 열어젖히기는 어렵다. 그렇기 때문에 일단 작은 요구로 마음의 벽을 살짝 허문 다음, 고객이 그것을 덥석 물고 나면 그제야 본색을 드러내는 것이다.

작은 요구부터 시작한다는 점에서는 풋 인 더 도어 테크닉과 유사한 면도 있지만, 우연이나 실수를 가장해서 새로운 요구를 추가시킨다는 점이 다르다고 할 수 있다.

로볼 전술은 성공 가능성이 상당히 높은 설득 방법 가운데 하나이지만, 자칫 역효과를 불러올 수도 있다. 우연한 실수가 착오가 아니라 연기였다는 것이 드러나면 더 큰 후폭풍을 맞을 수도 있기 때문이다.

● 비즈니스 상식

M&A, 흡수하거나 자회사로 두거나

M&A$^{Mergers\ \&\ Acquisitions}$는 특정 기업의 주식을 매입함으로써 소유권을 획득하는 경영 전략이다. M^{Merger}은 매수한 기업을 해체하여 자사 조직의 일부분으로 흡수하는 '합병'이고, A^{Acquisition}는 매수한 기업을 해체하지 않고 자회사나 관련회사로 두고 관리하는 '인수'의 형태다. 이 두 가지를 합쳐 기업 '인수합병'이라고 말한다.

M&A 말고 기술을 가진 기업을 인수하는 방법으로 A&D$^{Acquisition\ \&\ Development}$가 있다. A&D는 상장된 저성장업체를 인수해서 고성장업체로 바꾸는 기업 인수 방식으로 '인수개발'이라고 한다. 기술연구 인력의 부족 현상을 겪고 있는 벤처기업들이 인재 확보를 위해 핵심 기술을 가진 소규모 벤처기업을 사들이는 방법이다.

M&A와 달리 이미 완성된 회사보다 신제품 개발이나 새로운 사업 진출을 위해 핵심 부서인 개발팀이나 기획팀을 주로 사들인다는 특징이 있다. 연구개발$^{R\&D}$과 인수합병$^{M\&A}$의 중간 형태로서 기술 개발 비용을 줄일 수 있다는 장점이 있다.

처음에 크게 질러야 술술 풀려
하이볼 전술

"얼마 정도를 생각하고 계십니까?"

"100만 원은 받아야 한다고 생각합니다. 그 밑으로는 생각을 해보지 않았습니다."

"오! 상당히 비싸군요. 부담스러운 가격입니다. 조금 깎을 수는 없을까요?"

가격을 놓고 협상을 벌일 때 판매자와 구매자 모두에게 만족스러운 가격을 결정한다는 것은 쉬운 일이 아니다. 특히 예술품이나 중고품처럼 정가가 매겨져 있지 않은 상품의 경우 더욱 그렇다.

그럴 때는 판매자든 구매자든 누군가 먼저 구체적인 가격을 언급하면 그 가격이 기준점이 되는 경우가 많다. 처음 제시한 가격을 중심으로 협상이 진행되기 때문이다. 이것을 협상학에서는 '앵커링 Anchoring'이라고 한다. 앵커란 배를 정박할 때 바닥에 고정시키기 위해 사용하는 닻을 말한다. 협상에서 처음 가격을 제시하는 것을 닻을 내리는 데 비유한 것이다.

판매자의 경우 협상 테이블에서 가격을 정할 때는 이왕이면 높은 가격을 제시해야 이후의 협상을 유리하게 이끌 수 있다. 마치 닻을 어디에 던지느냐에 따라 배가 정박하는 위치가 달라질 수 있는 것과 같다.

협상장에서 닻을 던질 때 상대방의 상상을 넘어 파격적인 위치에 앵커링 하는 것을 '하이볼 High Ball' 전술이라고 한다. 일단 비싼 가격을 불러놓고 거기에서부터 흥정을 시작하는 것이다. 반대로 구매하는 입장이라면 말도 안 되는 파격적인 싼값을 제시하는 것이 하이볼 전략이라고 할 수 있다. 노련한 장사꾼들이 첫 흥정에서 가격을 후려치는 것이 대표적인 사례다.

가장 가혹한 조건을 제시함으로써 협상에서 기선을 제압하고 협상의 주도권을 쥘 수 있다. 상대방은 생각하지 못했던 조건에 당황하고 놀라게 되지만, 아무리 부인하려고 해도 일단 마음에 새겨진 그 조건이 협상의 기초 자료가 되는 것은 어쩔 수 없는 일이다.

하이볼 전술은 꼭 비싼 값에 거래를 성사시키기 위해서만 사용되는 것이 아니다. 거래 가격을 깎아주더라도 비싸게 불렀다가 깎아줘야 생색을 제대로 낼 수 있다.

구매자 입장에서도 처음에 100만 원 불렀던 물건을 50만 원에 사면 가격을 절반이나 깎았다고 생각해서 매우 만족스럽겠지만, 60만 원 불렀던 것을 50만 원에 사면 그 만족감이 덜할 것이다.

하이볼 전술은 거래하는 상대에게 심리적 우위를 차지함으로써 전체 협상을 자유자재로 주도할 수 있는 방법 중 하나라고 할 수 있다.

● 비즈니스 상식

협상의 진정한 승자는 누구?
제로섬과 윈윈

모든 협상은 제로섬zero sum 아니면 윈윈win-win이다. 제로섬은 한쪽이 가져가면 다른 쪽이 손해를 볼 수밖에 없는 협상이고, 윈윈이란 양쪽 모두가 이익이 되는 협상이다.

'제로섬'이란 말은 레스터 서로Lester C. Thurow 교수가 1981년에 저술한 《제로섬 사회The Zero-Sum Society: Distribution and the Possibilities for Economic Change》에서 비롯됐다. 일상생활에서 물건을 구매하거나 가격 협상을 하는 경우 대부분 제로섬 협상이라고 할 수 있다. 한쪽이 가격을 양보해주면 그만큼 상대방은 손해를 보기 때문이다.

하지만 영업력이 뛰어난 회사와 기술력이 뛰어난 회사의 제휴는 윈윈 협상이

> 될 수 있다. 영업력이 뛰어난 회사는 상대적으로 부족한 기술력을 채울 수 있고, 기술력이 뛰어난 회사는 자신들이 부족한 영업력을 키울 수 있기 때문이다.

한 사람은 뺨 때리고, 한 사람은 달래고
좋은 형사 나쁜 형사 전술

협상 테이블에서 만나는 사람들은 저마다 고유의 캐릭터가 있다. 여러 사람이 협상 테이블에 앉을 때는 더욱 그렇다. 개인의 원래 성격이 그런 경우도 있지만, 상대방이 협상의 베테랑이라면 의도된 것일 가능성이 높다.

한 기계부품 회사의 영업사원이 오랜만에 새로운 거래처를 발굴했다. 해당 회사로부터 상품에 관심이 있으니 한번 회사로 찾아와 설명을 해달라는 요청을 받았다. 기쁜 마음에 상품 관련 자료를 잔뜩 챙겨서 회사를 찾았더니 담당자와 함께 팀장이 자리를 하고 있다.

영업사원은 각종 자료를 보여주며 제품의 특성과 장점을 나열하고 공급 가능한 가격까지 제시한다. 하지만 팀장의 표정은 뭔가 잘못됐는지 어두워 보인다.

"제가 생각했던 것과 좀 다르군요."

냉정한 팀장의 말 한마디에 회의실 분위기가 싸늘해진다.

"별로 내키지 않네요. 더 이상 이야기를 들어볼 필요가 없을 것 같은데요."

팀장은 기분이 나쁘다는 듯이 한마디를 툭 던지고 일어나 문을 쾅 닫고 나가버린다. 영업사원 입장에서는 난감하고 당황스러울 수밖에 없다. 나름대로 성심성의껏 설명을 했는데 상황이 이상하게 돌아가고 있는 것 같다. 순간 남아 있던 담당자가 영업사원을 위로해준다.

"제가 보기에 제품은 괜찮은 것 같아요. 너무 실망하지 마세요. 팀장님께서 아마 가격이 좀 마음에 안 드셨던 것 같아요."

"그럼 어떻게……."

영업사원은 그나마 마음씨 좋은 담당자를 만난 것이 불행 중 다행이라고 느낀다. 담당자는 마치 자신이 영업사원의 동료 직원이라도 된 듯이 친절하게 함께 해결책을 모색하고 있다.

"이렇게 한번 해보면 어떨까요? 개당 1만 원 정도씩만 가격을 낮춰서 다시 제안서를 만들어보는 거예요. 제 자리에 가면 컴퓨터하고 프린터가 있으니 제안서를 바로 수정하시면 될 것 같고요."

개당 1만 원을 낮추라는 것은 영업사원 입장에서 볼 때 받아들이기 어려운 조건이다. 하지만 진심으로 자신을 대해주는 듯한 담당자의 마음 씀씀이를 생각하면 그 자리에서 눈물이 왈칵 쏟아질 듯이 고마울 뿐이다. 결국 담당자의 얘기대로 수정 제안서를 다시 넣어서 결국 납품 계약을 체결하게 된다.

이미 짐작했겠지만 팀장과 담당자의 행동은 의도된 것이다. 협상학에서는 이런 기술을 '좋은 형사 나쁜 형사 Good Cop, Bad Cop' 전술이라고 부른다. 한 명이 뺨을 때리면 다른 한 명이 달래주는 기술로 원하는 결과를 얻는 방법이다. 병 주고 약 주는 격이다.

　보통 사람들은 심리적으로 어려운 상황에 빠져 있을 때 도와준 사람에게 큰 고마움을 느끼기 때문에 도움을 준 그 사람의 제안을 쉽게 거절하지 못한다.

　이것을 좋은 형사 나쁜 형사 전술이라고 부르는 이유는 실제로 경찰서에서 형사들이 피의자들을 조사할 때 즐겨 사용하는 방법이기 때문이다. 형사들이 등장하는 영화만 몇 편 보더라도 쉽게 알 수 있을 것이다. 범인을 심문하는 장면을 보면 먼저 호랑이 같은 형사가 등장해 범인에게 윽박을 지른다.

　"모든 것을 사실대로 털어놓지 않으면 가만두지 않을 거야!"

소리를 지르고 심지어 때리기까지 하면서 겁을 준다. 그런 다음 호랑이 형사가 나가고 대신 토끼처럼 인자한 모습의 형사가 들어온다. 그러고는 맞은 곳을 닦아주고 담배도 한 대 물려주면서 범인을 살살 달랜다. 이때 범인은 울컥한 마음에 자신의 범죄 행각을 술술 풀어놓게 된다.

좋은 형사 나쁜 형사 전략은 '2인 1조'의 팀워크가 필요하지만 혼자서 '1인 2역'을 소화하는 경우도 있다. 한번은 윽박지르고 그다음은 더없이 부드럽게 대해주는 식의 '이중성격'으로 상대방을 흔드는 것이다.

● 비즈니스 상식 ●

뜨거운 감자, 먹을까 뱉을까?

갓 구워낸 감자는 겉으로는 아무렇지 않아 보이지만 막상 한 입 깨물어보면 속이 무척 뜨겁다. 잘못했다가는 입 안을 홀랑 델 수도 있다. 조심스럽게 다뤄야 한다.

사회적으로 논란이나 쟁점의 한가운데 있지만 델까봐 함부로 건드릴 수 없는 현안을 말할 때 핫 포테이토Hot Potato, 즉 뜨거운 감자라는 표현을 사용한다. 논의할 거리가 많은 협상에서도 이 '뜨거운 감자'가 자주 등장한다.

이 용어는 베트남전 당시 미국 언론에서 처음 사용한 것으로 알려져 있다. 계속할 수도 그만둘 수도 없는 상황으로 빠져 들어가는 베트남전을 뜨거운 감자에 비유한 것이다.

협상 테이블에서도 중요하긴 하지만 쉽게 꺼내서 다루기 힘든 주제를 뜨거운 감자라고 표현한다.

얇게 썬 소시지처럼 조금씩 챙겨라
살라미 전술

"한 번에 먹기엔 너무 많은 소시지 덩어리를 얇게 썰어 나누어 먹듯, 상대에게서 무엇을 양보받기 위해서는 조금씩 요구해야 한다."

헝가리 공산당의 서기장이던 마티아스 라코시스Matyas Rakosis는 조금씩 얇게 썰어서 먹는 살라미 소시지처럼 원하는 목표를 조금씩 순차적으로 나눠서 성취해 나가는 협상 전술을 애용했다.

그것이 바로 유명한 '살라미Salami' 전술이다.

살라미란 이탈리아 소시지의 일종으로 쇠고기와 돼지고기의 등심살에 돼지기름을 넣고, 소금과 향신료를 듬뿍 넣어 간을 강하게 맞추고 럼주를 가하여 건조한 식품으로 장기간 보관해두고 조금씩 얇게 썰어서 먹는 음식이다.

마티아스 라코시스의 뜻을 아주 잘 받아들인 나라 중 하나가 바로 북한이다. 북한은 우리나라를 비롯해 국제 사회와 협상을 할 때 바로 이 살라미 전술을 적절히 활용하면서 이익을 챙긴다. 협상 단계마다 시간을 끌면서 자신들의 요구를 하나씩 하나씩 관철시키는 전략이다.

소시지 한 덩어리를 모두 달라고 하면 쉽게 내어줄 사람이 별로 없을 것이다. 하지만 뒷면이 비칠 정도로 아주 얇게 썬 슬라이스 조각 하나를 달라고 하면 못 줄 것도 없다고 생각하는 것이 보통 사람의 심리다.

협상 테이블에서도 마찬가지다. 상대는 아주 작은 부분 하나쯤이야 어떨까 하는 생각으로 쉽게 양보하지만 협상이 계속 진행되는 사이 가랑비에 옷 젖듯이 나머지 조건들도 결국 들어주게 된다. 이처럼 살라미 전술은 작은 조건을 하나씩 내걸면서 상대방의 반발을 줄이고 결국 원하던 목적을 달성하는 방법으로, 앞서 소개한 '풋 인 더 도어' 테크닉과 일맥상통한다.

상대방의 살라미 전술에 넘어가지 않으려면 미리 최대로 양보할 수 있는 마지노선을 정하고 나서 협상을 시작하는 것이 좋다. 미리 한계선을 정해놓으면 협상 상대방이 살라미 전술을 통해 야금야금 양보를 요구하더라도 불필요한 정도까지 들어주지 않을 수 있게 된다.

● 비즈니스 상식 ●

MOU는 결혼 계약이 아니라 연애 계약

기업 간 협상 테이블에서 자주 등장하는 용어 가운데 하나가 MOU다. MOU^{Memorandum Of Understanding}란 양해각서諒解覺書라는 뜻으로, 서로 양해된 내용을 확인 및 기록하기 위해 정식 계약 체결에 앞서 행하는 문서로 된 합의를 가리킨다.

기업 간의 양해각서는 주로 정식 계약을 체결하기에 앞서 쌍방의 의견을 미리 조율하고 확인하는 상징적 차원에서 이루어지는 것이 보통이다. 뚜렷한 이유 없이 양해 내용을 파기했을 경우 도덕적 책임은 면하기 어렵지만 법적 구속력은 없다.

중요한 것은 MOU가 계약의 끝이 아니라 시작이라는 점이다. 서로에게 일정 기간 동안 우선 협상권을 부여해 배타적인 협상을 한다는 약속이다. 쉽게 말해서 남녀 두 사람이 이제부터 결혼을 전제로 연애를 시작해보겠다고 선언하는 것과 마찬가지다. 아직 결혼을 한 것은 아니지만, 연애 기간에는 다른 사람에게 한눈팔지 말고 서로를 알아가는 데 충실해야 한다.
연애가 결혼까지 이어지지 않을 가능성도 있다. 도덕적으로 문제가 될지는 모르겠지만 법적으로는 전혀 문제가 없다는 것도 MOU와 비슷하다.

이기고도 진다?
승자의 저주

"도저히 상황을 예측하기 어려운걸. 우리가 어렵게 석유 시추권을 따낸다고 해도 과연 땅속에 석유가 얼마나 묻혀 있는지 정확히 알 길이 없으니 답답하군."

"정말 그런 것 같네. 이런 상황이라면 누가 승자가 될지 알 수 없겠어. 자칫하다가는 이기고도 지는 것 아닌가?"

1970년대 초 세계 석유화학 업계는 석유 시추권 획득을 놓고 치열하게 경쟁을 벌이고 있었다. 하지만 석유 매장량을 분석하는 방법이 정교하지 않았기 때문에 막상 시추권을 따놓고도 손해를 보는 일이 비일비재하게 벌어졌다. 이렇게 경쟁에 이기고도 좋지 않은 결과를 얻게 되는 것을 '승자의 저주winner's curse'라고 한다.

'승자의 저주'라는 개념은 미국의 석유화학 회사 애틀랜틱리치필드ARCO에서 근무하던 케이펜, 클랩, 캠벨이라는 세 명의 기술자들이

1971년 석유 시추 사업과 관련하여 쓴 논문에서 처음 등장했다.

승자의 저주는 기업 M&A 시장에서도 심심찮게 볼 수 있다. 대형 M&A가 성사되고 나면 뜻밖의 결과가 나타나는 경우가 종종 있는데, M&A 경쟁에서 탈락한 회사는 승승장구하는 반면 M&A에 성공한 회사는 위기를 맞게 되는 것이다.

다양한 분석 방법을 동원해서 현재와 미래의 가치를 평가하지만 경쟁이 치열해지다보면 예측을 넘어서는 행동을 취하기도 한다. 마치 석유 매장량도 제대로 모른 채 석유 시추권 경쟁에 뛰어드는 격이다. 그러다보니 대형 기업의 인수합병이 있을 때면 경쟁 입찰에 참여해서 승리하고도 기대한 만큼의 가치를 얻지 못하고 오히려 손해를 보는 현상이 어김없이 나타나곤 한다.

대우건설 인수에 나섰던 금호아시아나그룹, 대우조선해양 인수에 뛰어들었던 한화그룹 등이 M&A에서 성공하고도 오히려 어려움을 겪어야 했던 저주받은 '승자'들이다. 그들은 M&A 경쟁에서 이긴 뒤에 결국 무리하게 자금을 끌어 대느라 위기를 맞은 아픈 경험을 가지고 있다.

경쟁 입찰에 성공한 기업들의 주가가 오히려 떨어지는 현상이 나타나는 것도 바로 이 저주받은 승자들에 대한 아픈 기억 때문이다.

경쟁에서 힘겹게 승리하고도 손해를 보는 현상이 나타나는 이유는 경쟁에서 승리함으로써 얻을 수 있는 이익을 정확히 파악하지 못했거나, 아니면 그에 대한 기대감이 지나치게 컸기 때문이다.

석유 시추나 기업 M&A 상황이 아니더라도 불확실성이 지배하는 경쟁 상황에서 승자의 저주는 얼마든지 찾아볼 수 있다. 세계적으로 히트한 영화나 베스트셀러 출판물에 대한 판권 경쟁이 붙으면 가격이 천정부지로 치솟는다. 그런 과정에는 중간 에이전트들의 농간이 작용하기도 한다. 결국 경쟁에서 이기기 위해 엄청난 금액을 제시해 입찰 경쟁에서 승리하지만 정작 국내 흥행이나 판매에서 투자한 만큼 수익을 거두지 못하는 경우가 종종 있다.

프로 스포츠에서 잊을 만하면 등장하는 '먹튀' 선수들도 승자의 저주의 또 다른 버전이라고 할 수 있다. 천문학적인 돈을 내걸어서 구단 간 치열한 경쟁을 뚫고 어렵게 확보한 스타플레이어들 중에서 제대로 몸값을 하고 있는 선수들은 많지 않다.

중요한 것은 승자의 저주가 결코 일시적이거나 우연히 일어나는 현상이 아니라는 점이다. 시대가 바뀌고 경제 여건이 바뀌어도 이러한 현상은 끝없이 반복된다. 왜냐하면 여기에는 단지 경제 현상만으로는 분석할 수 없는, 불확실성에 대한 인간의 기대와 욕심이라는 심리 현상이 포함되어 있기 때문이다. 인간의 근본적인 속성이 변하지 않는 한 승자의 저주도 쉽게 사라지지 않을 것이다.

● 비즈니스 상식 ●

"적대적 M&A를 막아라"
낙하산 타고, 독약 삼키고

M&A는 보통 이해관계가 일치하는 두 기업 사이에서 협상을 통해 이루어지지만 반드시 그런 것만은 아니다. 상대 기업의 동의 없이 주식의 공개매수나 위임장 대결을 통해 기업 인수합병을 강행하기도 한다. 이런 형태의 인수합병을 적대적 M&A라고 한다.

적대적 M&A 작업이 본격화될 때 타깃이 된 기업은 경영권을 지키기 위해 필사적인 노력을 기울일 수밖에 없다. 지분을 늘리기 위해 주식시장에서 주식을 사들이는 방법으로 정면대결에 나서기도 하고, 우호지분을 가진 기업이나 투자자를 설득해서 자기편으로 만들기도 한다.

적대적 M&A로부터 기업을 보호하는 방법으로 '황금낙하산'과 '포이즌필' 등의 방법이 있다. 황금낙하산은 최고경영자가 적대적 M&A 때문에 임기 전에 사임하게 될 경우를 대비하여 거액의 퇴직금, 스톡옵션, 잔여 임기 동안의 보너스 등을 미리 책정해두는 고용 계약을 말한다. 이때 최고경영자는 적대

> 적 M&A로 인해 입지가 불안해져도 황금낙하산을 타고 유유히 탈출할 수 있으므로 경영자에 대한 막대한 지출을 꺼려 적대적 M&A를 포기하게 만드는 효과도 있다.
>
> 포이즌필^{poison fill}은 말 그대로 '독약'이다. 적에게 잡혀 먹기 전에 독약을 한 알 꿀꺽 삼킴으로써 공격하려는 자의 의지를 꺾는 방법이다. 기존 주주들에게 회사로부터 싼값에 주식을 살 수 있는 권리나 회사에 비싼 값에 주식을 팔 수 있는 권리 등을 부여하는 것이다. 기업 입장에서는 독이 될 수 있는 조항이지만 적대적 M&A로부터 회사를 지켜낼 수 있다. 평소에는 작동하지 않다가 M&A가 시작되면 효과가 발휘되도록 하는 것이 특징이다.

싸게 샀는데 왜 기분이 찜찜하지?
승자의 속박

"가격을 개당 1만 원씩만 깎아주시면 안 될까요?"

상대방이 제시한 모든 조건이 마음에 든다. 그런데 단 한 가지, 가격이 문제다. 제품 한 개당 가격을 딱 1만 원만 깎아주면 금상첨화일 듯싶다. 하지만 상대방은 가격에 대해서 빈틈을 보이지 않고 있다. 몇 번이나 주저한 끝에 어렵게 말을 꺼낸다. 그러고는 조심스럽게 상대방의 반응을 지켜보고 있다.

"좋습니다. 그렇게 하죠. 1만 원씩 깎아드리겠습니다."

뜻밖에도 상대방의 표정이 밝다. 그런데 뭔가 잘못된 것 같다는 생각이 드는 것은 왜일까? 원하던 가격에 협상을 성공적으로 마쳤지만 기분이 좋기는커녕 찜찜하다. 한편으로는 '아차' 하는 생각이 들기도 한다. 가격 인하 요구를 저렇게 쉽게 받아들이는 것을 보니 1만 원을 깎은 가격이 원래 가격인 것 같다는 생각도 든다. 속았다는 기분이다.

이렇게 협상에서 이기고도 불만이 생기는 심리를 '승자의 속박'이라고 한다. 원하는 것을 얻었어도 그 과정이 너무 쉬우면 기쁘기는커녕 오히려 불만이 생기는 심리다. 협상은 잘 마무리되었는데 뭔가 석연치 않은 기분이 드는 것도 바로 그 때문이다.

협상을 성공적으로 수행하려면 상대방의 부탁을 들어줄 때조차도 신중해야 한다. 아무리 들어주기 쉬운 요구 사항이라고 해도 결코 쉽게 들어주어서는 안 된다. 그럴 경우 요구는 요구대로 들어주고 좋은 소리는 못 들을 가능성이 크다.

타협을 할 때는 밀고 당기는 맛이 있어야 한다. 필요하다면 상대방이 완전히 포기하지 않는 선에서 애를 태울 필요도 있다. 협상에서 쉽게 양보를 해주는 것은 결코 좋은 방법이 아니다.

마음이 약한 사람들은 상대방이 요구를 하면 자신이 어려운 상황이더라도 쉽게 들어주곤 하는데, 그렇게 해준다고 해서 상대방이 무조건 기뻐하는 것은 아니다. 잘못하면 그 요구를 들어주고 나서 또 다른 요구에 시달려야 할지도 모른다.

승자의 속박은 일상생활에서도 흔히 경험하는 일이다. 재래시장이나 노점상에서 물건을 고르고 가격을 흥정할 때 너무 쉽게 가격을 깎아주면 뭔가 속았다는 느낌이 든다. 그 가격에는 도저히 못 판다면서 꺼내놓았던 물건들을 다 집어넣었다 뺐다 몇 차례를 반복한 뒤에 물건을 사면 아마 승자의 속박에서 벗어날 수 있을 것이다.

● 비즈니스 상식 ●

양보할 수 없는 마지막 보루, '바트나'

협상에 임할 때는 나름의 가이드라인을 갖고 가야 한다. 그런 것이 없다면 협상에서 터무니없는 결과를 얻을 수도 있다. 협상에 대한 일종의 기준점이다. 그 기준점을 바트나BATNA, Best Alternative To a Negotiated Agreement라고 한다. 바트나는 로저 피셔Roger Fisher와 윌리엄 유리William Ury가 만들어낸 개념으로 우리말로 하면 '최선의 대안'이라는 뜻이다.

예를 들어 어떤 제품 구매와 관련해서 A라는 회사와 협상을 한다고 가정하자. 협상에 앞서 먼저 만났던 B라는 회사를 통해 같은 제품에 대해서 개당 1만 원씩 납품이 가능하다는 제안을 받은 상태다. 그렇다면 이 협상에서 바트나는 1만 원이 된다. 협상 가격이 어떤 식으로든 1만 원 이하가 돼야 한다. 1만 원 이상이라면 협상을 진행할 필요가 없기 때문이다.

바트나는 고정되어 있는 것이 아니라 언제든지 변할 수 있다. 만약에 A라는 업체로부터 9,000원에 납품할 수 있다는 확답을 듣고 다시 C라는 회사와 협상을 하게 된다면 바트나는 9,000원이 된다. 처음보다 좋은 조건을 제시 받았기 때문에 다음 협상에서의 기준도 변할 수밖에 없다.

엉뚱한 미끼를 던져 상대를 교란시켜라
레드헤링

"여우사냥이 또 시작됐군. 빨리 훈제청어를 가져오게."

영국에서 한때 여우사냥이 유행을 했는데, 동물보호단체에서는 여우 사냥꾼들을 방해하기 위해 훈제청어red herring를 종종 사용하곤 했다.

청어를 말려서 소금에 절이면 검붉은 색으로 변하고 그 냄새가 훈제연어와 무척 비슷하다고 한다. 그 말린 청어를 여우 사냥꾼의 사냥개들이 다니는 길목에 이리저리 끌고 다니는 것이다. 그렇게 하면 청어의 강한 냄새 때문에 사냥개들이 여우 냄새를 맡지 못해 우왕좌왕하게 된다는 것이다.

협상에서 미끼를 던져 상대방을 교란시키는 것을 여우사냥 방해 작전에서 따와 '레드헤링'이라고 부른다. 협상에서 논의 중인 내용과 전혀 상관없는 쟁점을 의도적으로 끌어들이는 방법이다. 이러한 교란책에 걸려들면 문제의 본질을 놓쳐버리고 협상에서 실패하게 된다. 특히 가격을 놓고 협상을 벌일 때 레드헤링이 종종 사용된다.

"제품이 매우 훌륭하군요. 세 가지 요구 사항만 들어주시면 당장 계약을 맺도록 하죠."

오랫동안 공을 들여온 거래처에서 드디어 반응이 왔다. 거래처의 요구는 한 달 안에 모든 제품을 납품해달라는 것과 제품의 안전성을 위해 모든 제품에 대해 전수검사를 해달라는 것, 그리고 주문자를 위한 별도의 포장을 해달라는 것이었다.

하지만 그 세 가지 요구 사항은 결코 만만한 것이 아니었다. 그 조건을 맞추기 위해 여러모로 노력을 해봤지만 마땅한 절충점을 찾지 못했다. 세 가지 조건 모두 물리적으로 불가능한 것이었기 때문이다. 양보하거나 대안을 마련하기 어려운 요구였다.

금방 해결될 듯 보였던 협상도 난항에 빠지고 말았다. 세 가지 요구 사항을 하나도 관철시키지 못한 상대방은 마지막으로 다른 제안을 내놓는다.

"그도 저도 안 된다면 차리라 공급 가격을 5퍼센트 정도 깎아주시는 것은 어떨까요?"

앞의 세 가지 요구를 모두 거절한 입장에서 그마저도 들어주지 않을 수 없다.

구매자가 원한 것은 납기나 검사나 포장이 아니었다. 바로 가격이었다. 원하는 가격으로 협상을 성사시키기 위해 본질과는 상관없는 교란책으로 상대방을 혼란스럽게 만든 것이다.

본질적인 문제에서 양보를 얻기 위해 유인책으로 엉터리 이슈를 들고 나오면서 협상을 교란시키는 것이다. 실제로는 별로 중요하지 않은 문제지만 집요하게 집착하면서 무척 중요한 사안이라고 느끼게 하는 것이다.

● 비즈니스 상식

협상 한 번으로 전쟁도 막고 땅도 얻고

우리나라 역사상 가장 성공적인 협상으로 고려 성종 말년인 993년 거란의 침략을 막아낸 서희 장군의 협상을 들 수 있다. 당시 거란은 소손녕의 지휘 아래 80만 대군을 이끌고 고려를 침략해왔지만 고려는 군사적 · 경제적으로 거란의 대군과 맞서 싸울 만한 힘이 부족했다. 고려 조정은 죽을 때 죽더라도 싸우다가 죽자는 결사항전파와 서경, 곧 지금의 평양 이북 땅을 내어주고 화친을 맺자는 화친파로 나뉘었다.

서희 장군은 몇몇 신하들과 함께 선항전, 후화친을 주장했다. 화친을 하되 그냥 순순히 땅을 내주는 것이 아니라 맞서 싸워가면서 화친을 하자는 것이었다. 그러고는 수행원 몇 명만을 데리고 적진으로 가서 소손녕을 만나 역사적인 협상을 시작했다.

소손녕이 이끄는 거란군은 놀랍게도 칼부림 한 번 없이 서희 장군과의 담판을 통해 전쟁을 멈추고 자진 철군하는 길을 선택했다. 서희 장군은 말 한 마디로 적군을 물러나게 했을 뿐 아니라 돌아오는 길에 고구려의 옛 영토인 강동6주를 '전리품'으로 얻어 왔다.

전쟁을 막으러 갔다가 잃어버렸던 옛날 땅까지 얻어 올 수 있었던 이 희대의 협상은 과연 어떻게 가능했던 것일까? 서희 장군은 우선 협상에 앞서 상대의 의중을 정확하게 꿰뚫어봤다. 거란군이 고려를 침공한 의도가 사실 고려 땅에 있지 않다는 점을 간파한 것이다.

당시 거란은 송나라와의 한판 전쟁을 앞두고 있었다. 송나라를 치기 위해 군대를 남하시키고 난 후 송나라의 동맹국인 고려가 배후에서 기습을 해올지도 모른다고 걱정한 것이다. 말하자면 큰 싸움을 위해 사전 정리 차원에서 고려를 견제하기 위해 군대를 보낸 것이지 무리하게 고려 땅에서 힘을 뺄 의도는 없었다.

국제 정세에 밝았던 서희 장군은 거란의 의도를 정확하게 파악하고 그것을 협상 전략에 적극 활용했다. 우선 구두상으로 송나라와의 관계 단절을 약속했다. 거란 입장에서도 원하던 바를 얻었기 때문에 무리하게 고려를 공격할 이유가 사라진 것이다.

서희 장군은 결정적인 순간에 마지막 협상카드를 한 장 더 내밀었다. 송나라와 동맹을 단절하겠다고 약속은 했지만 고려 조정에 돌아가면 친송파의 반대 때문에 왕을 설득하기 어렵다는 점을 강조한 것이다. 친송 강경파들의 반대를 무릅쓰고 왕을 설득하려면 뭔가 '선물'이 하나 필요하다고 주장했는데 그 선물이 바로 강동6주였다. 머릿속에 온통 중원의 송나라 땅 생각뿐이던 거란의 입장에서 변방의 땅 정도는 고려에 넘겨줘도 무방하다고 생각한 것이다.

대동강 물장사와도 같았던 서희 장군의 뛰어난 협상술은 화려한 언변이 아닌 치밀한 전략에 의해서 이루어졌다. 21세기 한국 외교의 큰 스승으로 서희 장군이 언급되고 있는 것도 바로 이 때문이다. 매일매일 글로벌 기업들과 전쟁을 벌이고 있는 우리 기업들 입장에서도 되새겨볼 만한 협상의 교과서가 아닐 수 없다.

비즈니스 2단계 ——
communication

현명한 선택을 도와주는 의사 결정 법칙

'몇 시간 동안 많은 얘기가 오갔는데 막상 회의가 끝나고 나면 정해진 게 아무것도 없는 것 같다. 이런 회의가 하루에도 몇 번씩 있어서 다른 업무를 볼 시간이 부족하다. 급한 업무를 처리하지 못해서 오늘도 어쩔 수 없이 야근을 하기로 한다.'
어디서 많이 들어 본 얘기 같지 않은가? 이러한 악순환의 고리를 끊고 싶은 당신에게 필요한 법칙들이 여기 모였다. 선택에 영향을 미치는 법칙부터 회의의 효율성을 높이기 위한 법칙, 현명한 결정을 내리는 데 도움을 주는 법칙까지.
'회의적'인 회의는 이제 안녕이다.

분위기 깰까 봐 반대를 못했다고? **애빌린의 역설**
오! 그거 딱 내 얘기인데? **바넘 효과**
회의 때 정면에 앉은 사람을 조심하라 **스틴저 효과**
화장실 변기에 파리를 그려 넣은 이유는? **넛지 효과**
10분, 10개월, 10년을 고민하라 **10-10-10 법칙**
여럿이 모이면 극단적이 되는 이유 **극화 현상**

Episode

동네 주민회의에서 유래된
GE의 타운미팅

"회사 중역들이 모두 참석하는 경영위원회 회의인데 임원들이 준비도 없이 회의에 참석한단 말인가?"

잭 웰치 회장이 처음 GE의 CEO가 됐을 때 가장 못마땅하게 생각했던 기업문화 가운데 하나가 바로 회의 문화였다. 임원들은 회의 직전에 실무자들이 만들어 올린 자료를 대충 읽어보는 것으로 회의 시간의 대부분을 때웠고, 그러다보니 회의 시간이라고 해도 누구 하나 제대로 된 의견을 발표하는 사람이 없었다. 문제가 생기면 실무자들을 불러서 물어보곤 했다.

"임원들이 회의 자료를 제대로 보게 하려면 실무자들로부터 떼어 놓아야겠군."

또 회의를 해도 결론을 내지 못하는 경우가 많았다. 그러다 보니 한참을 떠들었는데도 결과는커녕 말장난만 실컷 하고 회의를 끝내기 일쑤였다.

"이래서는 안 되겠어. 당장 회의 문화부터 바꿔야겠어."

그렇게 해서 도입된 방법 가운데 대표적인 것이 바로 '타운미팅 town meeting'으로 불리는 회의 문화다. 타운미팅은 식민지 시대 아메리카의 뉴잉글랜드에서 마을 사람 전체가 한자리에 모여 토론을 하고 마을의 법과 절차, 정책들에 대해 결정을 내리던 민주주의 형태의 주민 총회에서 유래되었다.

GE의 타운미팅은 회사 밖에서 열리는 회의라는 점이 가장 큰 특징이다. 크로톤빌 연수원에서 주로 회의를 진행했고, 연수원이 아니더라도 적어도 회사에서 두세 시간 떨어진 곳에서 하도록 했다. 자신의 수족이 되어줄 실무자들이 없기 때문에 직급과 상관없이 모두가 회의 준비를 충실하게 해야 했고, 회의를 하다가 일을 보기 위해 자리를 비울 일도 없었으므로 좀 더 회의에 집중할 수 있게 됐다.

회의 시간도 몇 시간에 그치는 것이 아니라 2~3일간 집중적으로 실시하도록 했으며, 회의 안건에 집중해서 반드시 결론을 도출하도록 했다.

회의 요령도 독특하다. 해당 부서의 관리자는 회의 첫날 등장해 개선해야 할 과제만 던져주고 회사로 돌아간다. 나머지 시간 동안 부서원들은 관리자 없이 자유로운 분위기에서 의견을 개진한다. 그리고 회의 마지막 날 관리자가 다시 돌아와서 그동안 논의했던 내용들에 대한 제안을 듣는다.

중요한 점은 관리자들이 그 제안에 대해 그 자리에서 예스나 노로 대답을 해야 한다는 것이다. 그 자리에서 결정할 수 없는 경우는 서로 합의를 통해 결정에 필요한 기한을 정해놓는다. 사소한 내용이라도 직원들이 제안한 사항이 즉각적으로 처리되기 때문에 변화의 계기를 마련할 수 있다.

절대 변할 수 없을 것처럼 느껴지던 거대한 조직이 회의 문화의 개선과 함께 바뀌기 시작했다. 아주 사소한 회의 방식의 변화에 불과했지만 직원들은 타운미팅이라는 회의를 통해서 자신들의 생각을 가감 없이 제안할 수 있었고, 결과적으로 이러한 변화가 조직에 새로움을 불러일으키는 데 큰 역할을 했다.

분위기 깰까 봐 반대를 못했다고?
애빌린의 역설

"우리 애빌린에 가서 외식이나 하고 올까?"

조지워싱턴 대학 경영학과의 제리 하비 교수는 오랜만에 텍사스 콜맨에 있는 처가를 방문해서 휴식을 취하고 있었다. 수은주가 40도까지 올라갈 정도로 무더위가 극성을 부리던 7월의 어느 날이었다. 가족들과 선풍기 앞에 느긋하게 앉아서 시원한 레모네이드를 마시며 모처럼의 휴일을 만끽하고 있었다. 더 이상 바랄 것이 없는 완벽한 휴일이었다. 그때 갑자기 장인이 던진 한마디에 조용하던 휴일의 분위기가 잠시 술렁거렸다.

처가에서 애빌린까지의 거리는 85킬로미터나 됐다.

'에어컨도 없는 58년식 뷰익을 타고 이 무더위에 애빌린까지 다녀오겠다고?'

하비 교수는 마음속으로 고개를 절레절레 흔들었다. 생각만 해도 끔찍한 일이었다. 그는 아내를 바라보았다. 하지만 아내의 반응은 뜻밖이었다.

"좋아요, 가서 저녁이나 먹고 오죠? 제리, 당신 생각은 어때요?"

아내까지 그렇게 나오는 통에 하비 교수는 마지못해 동의할 수밖에 없었다.

"그러지 뭐, 장모님도 함께 가시죠."

하비 교수는 장모를 바라보며 의견을 물었다.

"물론 나도 함께 가야지. 애빌린에 가본 지도 정말 오래된 것 같은데."

흔쾌한 동의였다. 가족 중에 애빌린에 가는 것을 반대하는 사람은 아무도 없었다. 이렇게 해서 하비 교수의 가족은 애빌린을 향해 출발했다. 에어컨도 나오지 않는 고물 자동차를 타고 살을 태울 듯한 뜨거운 태양을 받으며 애빌린에 도착했을 때 온 가족은 땀과 먼지로 범벅이 되어 있었다. 게다가 저녁 식사로 나온 음식은 입에 대기 힘들 정도로 형편없었다.

식사를 마치고 무더위 속에 왕복 170킬로미터를 네 시간이나 달려 지칠 대로 지쳐 집으로 돌아온 가족은 아무 말 없이 선풍기 앞에 한참 동안 앉아 있었다. 어색한 분위기를 깨기 위해 하비 교수가 한마디 던졌다.

"오늘 외식, 그런대로 괜찮았죠?"

아무도 대꾸를 하지 않았다. 마침내 장모가 짜증 섞인 목소리로 입을 열었다.

"솔직히 말해서 나는 좋은 것 하나도 없었네. 집에 그냥 있을 걸 그랬어. 나는 이 양반하고 너희들이 가고 싶어 해서 따라갔을 뿐이야."

하비 교수는 기가 막혔다.

"무슨 말씀이세요. 저야말로 정말 가고 싶지 않았다고요. 장인 장모님과 집사람이 가고 싶다고 하니까 어쩔 수 없이 따라간 거죠."

아내도 마찬가지였다. 결국 불평의 화살은 애빌린에 가자고 처음 제안했던 장인에게 향할 수밖에 없었다. 마침내 입을 연 장인의 반응은 뜻밖이었다.

"이봐, 나도 애빌린에 가고 싶지 않았어. 모두 따분해할지도 모른다는 생각에 나도 싫지만 제안을 했을 뿐이야. 자주 오는 것도 아닌데 뭔가 즐거운 일을 만들어주고 싶어서 가자고 한 것뿐이라고. 나야말로 집에 가만히 앉아서 도미노 게임이나 하면서 편히 쉬고 싶었다고."

놀라운 일이었다. 철없는 아이들도 아니고 분별력 있는 성인 네 사람이 아무도 가고 싶지 않은 곳을 만장일치의 찬성으로 다녀온 것이었다.

그저 특이한 경험이라고 치부할 수 있을까? 어쩌면 우리 주변에서 얼마든지 일어나고, 또 자주 볼 수 있는 일들인지도 모른다.

특히 특정한 주제를 놓고 회의를 할 때 우리는 도쿄나 뉴욕을 가고 싶지만 아무도 가고 싶지 않은 애빌린을 만장일치의 찬성으로 가게 되는 일이 종종 발생한다.

이러한 의사 결정의 상황을 '애빌린의 역설 Abilene Paradox'이라고 부른다. 어느 조직이 애빌린 패러독스에 빠지면 진정으로 원하는 것과 반대로 행동을 취하게 되며, 결과적으로 원하는 목표를 달성하지 못하게 되는 것이다.

이것은 개인이 혼자 있을 때의 판단이나 행동과, 집단 안에 있을 때의 판단이나 행동이 다르다는 것을 보여준다. 집단 안에서는 독립된 개인들이라고 해도 다른 사람들의 영향을 받을 수밖에 없기 때문이다.

조직 내에서는 해결해야 할 과제가 있을 때 주로 회의라는 방법을 이용한다. 경영자나 관리자 한 사람의 독단적인 판단으로는 정확한 해결책을 얻을 수 없다는 생각 때문이다.

그러나 의사 결정을 내려야 하는 사내 회의에서도 개인적으로는 동의하지 않으면서 공개적으로는 동의할 수밖에 없는 그런 상황에 처할 수 있다. 모두가 찬성했지만 아무도 원하지 않는 곳에서 야유회를 하고 오는 꼴이다.

지금 이 순간에도 조직 내에서는 무수한 회의가 벌어지고 있다. 하지만 그 회의의 결과가 '회의적'이지 않은지는 한번 곰곰이 생각해 볼 문제다.

● 비즈니스 상식

1년에 회의만 28억 번?

3M경영연구소에서 작성한 보고서에 따르면 미국에서만 하루에 1,100만 번의 공식 회의가 열린다고 한다. 이것을 1년으로 환산한다면 휴일을 제외하고도 약 28억 번의 회의가 열리는 셈이다.

또한 조직의 관리자들은 하루 일과 중 적게는 30퍼센트, 많게는 80퍼센트를 회의하는 데 소비하고 있다고 한다. 뿐만 아니라 비효율적인 회의로 인해서 매년 7억 5,000만 달러의 손실이 날 수 있다고 한다. 회의만 잘해도 기업의 성과를 엄청나게 높일 수 있음을 보여주는 '회의의 경제학'이다.

오! 그거 딱 내 얘기인데?
바넘 효과

"서커스 공연을 보러 와주신 관객 여러분께 감사의 말씀을 드립니다. 제가 그 보답으로 막간을 이용해서 놀라운 신통력을 보여드리겠습니다. 자, 저기, 빨간 외투를 입고 계신 분, 무대 앞으로 잠시 나와주시겠습니까?"

흥행의 마술사라고 불리던 피니어스 테일러 바넘은 항상 자신의 서커스 공연 중간쯤이면 무대에 나서 현란한 말솜씨로 분위기를 돋우었다.

"신통력이라고?"

객석이 웅성거리기 시작했다. 그리고 바넘에게 지명을 받은 관객이 무대 앞으로 나왔다. 바넘은 그 관객을 쳐다보며 말했다.

"나는 당신의 마음을 꿰뚫어볼 수 있습니다. 어디 당신의 성격을 한번 맞혀볼까요?"

그리고 잠시 그를 뚫어져라 쳐다보더니 조심스럽게 입을 열었다.

"당신은 무척 활발한 성격의 소유자입니다. 하지만 때로는 혼자 있고 싶고 외로워하며 내성적인 성격도 가지고 있군요. 어때요, 그렇지 않나요?"

관객은 놀랍다는 듯이 손을 입으로 가져갔다.

"예, 맞아요. 정확해요."

"와아!"

객석에서 큰 박수와 함께 탄성이 터져 나왔다. 사람들은 바넘의 한마디 한마디에 탄성을 지르며 그의 신통력에 놀라워했다.

하지만 신통력의 비결은 따로 있었다. 누구에게나 통할 수 있는 애매하고 일반적인 표현을 함으로써 그 말을 듣는 사람들이 스스로 자신의 이야기처럼 생각하도록 만든 것이다.

아주 유별난 성격의 소유자가 아니라면 길 가는 사람 누구를 붙잡고 물어봐도 대충 들어맞는 이야기지만, 사람들은 그 이야기를 꼭 자신의 이야기로 받아들이는 경향이 있다. 이것을 심리학 용어로 '바넘 효과Barnum effect'라고 부른다.

바넘 효과라는 말은 19세기 미국의 쇼 비즈니스맨이었던 피니어스 테일러 바넘의 이름에서 유래했다. "미국의 문학은 마크 트웨인에서 시작됐고 미국의 광고는 피니어스 테일러 바넘에서 시작됐다"는 말이 있을 정도로 바넘은 탁월한 수완가이자 흥행의 귀재였다.

"대중은 스스로 믿고 싶어 하는 것을 믿는다"는 대중 심리를 자유자재로 이용한 바넘은 대규모 서커스단을 이끌며 공연 사업을 펼쳤고, '지상 최대의 쇼'라는 이름이 붙여진 공연으로 큰돈을 벌었다.

그가 기획했던 〈지상 최대의 쇼〉라는 것도 알고 보면 사기극에 가까웠다. 바넘은 161살 먹은 할머니 노예, 진짜 인어, 키 1피트 10인치짜리 꼬마 장군, 점보 코끼리, 샴쌍둥이 등을 데리고 전국을 순회하며 공연을 했다. 하지만 할머니의 실제 나이는 80세였고, 인어라는 것도 커다란 생선 몸통에 원숭이 얼굴을 붙인 것이었다. 꼬마 장군은 성장을 멈춘 5세 아이였다.

바넘은 기기묘묘한 캐릭터들을 이끌고 사람들의 호기심을 자극하면서 흥행몰이에 나섰고, 대중은 속고 또 속으면서도 바넘의 쇼를 보기 위해 몰려들었다.

미국의 심리학자인 포러Forer 교수는 이러한 바넘의 행동을 과학적으로 증명하려고 시도했다. 1940년대 말 포러 교수는 자신이 가르치는 학생들을 대상으로 성격 테스트를 실시했다. 그는 학생 개인의 성격과는 아무 상관이 없는 신문의 점성술 관련 기사를 적당히 편집해서 학생들에게 보여주었다. 그리고 테스트 결과가 실제 자신의 성격과 잘 맞는지 평가해달라고 말했다. 그랬더니 놀랍게도 많은 학생들이 실제 자신의 성격과 맞는다고 대답했다. 이와 같이 포러 교수가 처음 증명했기 때문에 바넘 효과를 '포러 효과'라고 부르기도 한다.

우리나라에서도 SBS스페셜 팀이 일반인을 대상으로 혈액형 분석 실험을 한 적이 있다. 특정 혈액형과 관계없는 일반적인 분석 내용을 참가자에게 무작위로 나눠주고 그 내용이 자신의 성격과 얼마나 일치하는지 물어본 결과 70퍼센트의 참가자들이 아주 잘 맞는다고 대답한 것으로 나타났다.

누구에게나 사실일 수밖에 없는 정보들을 자기에게 특별한 것처럼 믿게 만드는 것, 고객을 유혹하는 수많은 상품 광고 역시 바넘 효과에서 비롯된 것이다.

• 비즈니스 상식 •

CEO는 원래 군대 지휘관?

언젠가부터 기업의 최고경영자를 부를 때 대표이사나 사장이라는 명칭보다 CEO라는 용어를 더 많이 사용하게 됐다. CEO$^{Chief\ Executive\ Officer}$란 원래 최고 지휘관을 의미하는 군사 용어인데, 미국 기업에서 최고의사결정권자를 뜻하는 말로 사용하면서 경제 용어로 정착되었다. 그 밖에 CEO의 권한을 보충하거나 견제하기 위한 차원에서 임원들의 역할을 분담해 최고재무관리자^{CFO}, 최고정보보호책임자^{CPO}, 최고운영책임자^{COO} 등을 두는 기업들도 있다.

회의 때 정면에 앉은 사람을 조심하라
스틴저 효과

기획안을 통과시켜야 하거나 예산을 받아야 하는 중요한 회의가 있다고 가정하자. 자료 조사도 충실히 했고 설득을 위한 논리도 갖추었다. 그것만으로 충분할까?

매우 중요한 결정을 내려야 할 회의이고 모든 준비가 다 끝났다면 한 가지 잊지 말아야 할 것이 있다. 바로 회의 테이블에서 적절한 자리를 선정하고 자신의 의견에 찬성해줄 동조자를 포섭하는 일이다. 물론 동조 발언의 타이밍도 매우 중요하다.

미국의 심리학자 스틴저Stynger는 소규모 집단의 커뮤니케이션 행태를 연구해 '스틴저 효과'라는 이름으로 정리했다.

사람들은 무의식적으로 적의 정면에 앉는 버릇이 있다고 한다. 회사 내에서 자신과 가장 반대되는 의견을 가졌거나 대립된 주장을 펼치고 있는 사람, 또는 과거에 입씨름을 했던 사람이라면 정면에 앉을 가능성이 높다는 것이다.

마찬가지로 만약 빈자리가 많은데도 굳이 당신의 맞은편 자리에 와서 앉는 사람이 있다면 당신에게 뭔가 반대 의견을 제시할 가능성이 높으므로 회의 내내 그의 발언에 주의할 필요가 있다. 곰곰이 생각해보면 실제 회의에서든 영화에서든 옆에 나란히 앉은 상태에서 논쟁을 벌이는 모습은 흔히 보지 못한 것 같다.

또 한 가지는 회의의 진행 패턴이다. 회의를 하다보면 다양한 의견

이 나온다. 하지만 참가자들의 의견이 개진되는 데도 일정한 패턴이 있다. 찬성 의견만 줄기차게 나오거나 반대 의견만 줄기차게 나오는 경우는 별로 없다. 한번 찬성 의견이 나오면 다음은 반론이 나오고, 다시 반론이 나오는 형태를 띠곤 한다. 회의의 전체적인 밸런스를 유지하려는 집단 무의식에 따른 결과다.

만약 회의에서 당신의 의견을 통과시키고 싶다면 미리 그 의견에 찬성해줄 사람을 선정해서 발언 타이밍을 정해두는 것이 좋다. 즉 의견이 개진된 뒤에 바로 찬성 의견이 나오면 반론의 역풍을 피해 갈 수 있다. 일종의 '바람잡이' 역할이 필요한 것이다.

또한 어떤 의견 다음에 바로 찬성하는 의견이 이어질 경우 그 의견의 영향력을 높여주는 효과가 있으며, 그다음에 반론이 나오더라도 그 영향을 많이 축소시키는 효과까지 기대할 수 있다.

마지막은 회의실의 자리 배치다. 처음 방문하는 회사의 직원들이나 다른 팀과 회의를 할 경우 참가자들의 성향을 빨리 파악한다면 회의를 순조롭게 진행해 나갈 수 있다.

가장 쉬운 접근법은 앉는 자리를 보고 참가자들의 성향을 파악하는 방법이다. 스틴저 효과에 따르면 긴 테이블의 양쪽 끝에 앉는 사람은 리더십이 강한 사람이라고 한다. 보통 대가족의 식탁에서 가장인 아버지가 주로 앉는 자리이기도 하다.

소극적인 사람이거나 리더십이 강하지 않은 사람들은 많은 사람들의 이목이 집중되는 그 자리에 잘 앉지 않는다. 어떤 중요한 결정을 이끌어내야 하는 회의라면 테이블 양 끝에 앉은 사람을 집중적으로 공략하는 것이 좋다.

긴 테이블의 정중앙에 앉은 사람도 리더십이 뛰어날 가능성이 높다. 레오나르도 다빈치의 〈최후의 만찬〉에서 예수님이 앉은 바로 그 자리다. 정중앙에 앉은 사람은 리더십이 뛰어나지만 남에 대한 배려가 많기 때문에 회의를 원활하게 진행하려는 경향이 강하다는 것도 알아둘 필요가 있다.

• 비즈니스 상식 •

회의는 몇 명이 할 때 효과적일까?

효과적인 회의를 위해서는 확실한 안건과 인원수 제한이 필요하다. 실무급 회의일 경우 일곱 명을 넘으면 좋지 않다. 일곱 명을 넘어 한 명이 추가될 때마다 회의의 효과성이 10퍼센트씩 떨어지는 '7의 법칙'이 있다.
회의를 효과적으로 진행하기 위해서는 전략 기획에 관한 의사 결정이 이뤄진 뒤에 반드시 구속력 있는 목표를 세워야 한다. 또한 회의 자체도 중요하지만 회의가 끝난 후 의사 결정의 실행 과정까지 일관성이 있어야 한다.

화장실 변기에 파리를 그려 넣은 이유는?
넛지 효과

"파리 한 마리가 들어오고 나서는 화장실이 정말 깨끗해졌다니까!"
"파리가 있으면 화장실이 지저분해지는 것 아닌가?"
네덜란드 암스테르담에 위치한 스키폴 공항. 이 공항의 남자 화장실 소변기에는 파리가 한 마리씩 그려져 있다. 예사 파리는 아니다. 소변기 한가운데 그려지고 나서 소변기 바깥으로 튀는 소변의 양을 80퍼센트나 줄어들게 한, 그야말로 복덩이 파리다.
남자용 소변기 중앙 부분에 검정색 파리를 그려 넣자 아무렇게나 소변을 보던 이용자들이 변기에 그려진 파리를 맞추려고 애쓰면서 자연스럽게 소변이 변기 밖으로 튀지 않게 된 것이다.

화장실을 깨끗하게 사용하도록 하기 위해 여러 가지 방법을 동원해봤지만 별 효과가 없었는데, 아무도 하지 못했던 일을 파리 한 마리가 해결한 것이다. 우리나라에서도 빌딩 화장실 등에 가보면 남자용 소변기에 파리나 사격의 표적지가 그려진 모습을 종종 볼 수 있다. 그런 장치들을 통해서 사람들의 화장실 이용 습관도 많이 바뀌었다.

이렇게 사람들이 눈치 채지 못하는 사이에 그들의 선택에 개입하는 것을 '넛지 nudge'라고 부른다. 사전적으로는 '팔꿈치로 슬쩍 찌르다, 주의를 환기시키다'라는 의미를 가지고 있다.

강제적으로 지시하는 것이 아니라, 부드럽게 개입해 선택을 유도하는 것이다. 그런 역할을 하는 사람들을 '선택 설계자'라고 한다. 스키폴 공항의 화장실을 이용하는 남자들이 화장실을 깨끗하게 이용할 수 있게 된 것도 바로 이런 숨은 선택 설계자 덕분이다.

구내식당에서 학생들에게 건강에 유익한 음식을 더 많이 섭취하도록 하는 데도 넛지 효과가 적절하게 활용될 수 있다. 전체 메뉴를 바꾸거나 학생들에게 건강에 좋은 음식을 많이 섭취하라고 강압적으로 지시를 내리지 않고 음식의 진열이나 배열만 바꾸는 방법으로 건강에 이로운 음식을 더 많이 섭취하도록 할 수 있다.

기업들도 마찬가지다. 강요하지 않으면서도 다양한 넛지 효과를 활용해 수익을 극대화하고 있다. 휴대전화를 구입할 때 보면 이것저것 잘 모르는 서비스들이 기본으로 포함되어 있다. 그런 서비스들의 경우 두세 달 동안 무료로 이용할 수 있도록 자동으로 끼워 넣어주는 대신 무료 사용 기간이 지나고 나서 이용을 원하지 않으면 취소 신청을 해야 한다. 하지만 귀찮다거나 취소하는 것을 잊어버려서 별로 필요하지도 않은 서비스들을 계속 이용하게 되는 경우가 많다.

인터넷 쇼핑몰에서도 제품을 구매할 때 추가 구매 옵션이라고 해서 다양한 부대 상품들이 줄줄이 나온다. 예를 들어 노트북 하나를 구매하려고 하면 스피커에 이어폰, 마우스, 마우스패드, USB 메모리, 노트북 화면 보호기, 키보드 덮개, 노트북 도난 보안 장치 등이 소개된다.

그 제품들을 함께 구매하지 않으려면 일일이 '필요하지 않음' 항목에 선택을 해주어야 한다. 그 항목을 일일이 체크하다 보면 전혀 구매할 생각이 없던 키보드 덮개나 노트북 도난 보안 장치 등을 덩달아 구매하게 되거나, 선택을 잘못해서 불필요한 제품이 딸려오기도 한다. 판매자 입장에서는 소비자들에게 이것 사라, 저것 사라고 강요하지 않으면서 은근히 다른 상품의 매출을 올릴 수 있는 방법이 되고 있다.

● 비즈니스 상식 ●

다양한 종류의 회의, 어떻게 다를까?

컨벤션convention : 이벤트와 전시회 등이 수반되며, 각 기구나 단체들이 개최하여 정보 전달을 목적으로 하는 정기 집회.

컨퍼런스conference : 컨벤션과 거의 같은 의미로 전문적 문제를 토론하기 위한 모임.

심포지엄symposium : 함께 술을 마신다는 의미인 그리스어 심포지아symposia

에서 유래된 말로, 학술 토론회나 특정한 테마를 놓고 진행하는 지상 토론회의 성격.
패널 디스커션panel discussion: 서로 다른 분야의 전문 연사가 나와 서로의 의견이나 주장을 밝히는 공개 토론회.
세미나seminar: 교육 목적을 띤 회의로 전문가의 강의 형태로 진행되는 회의.
워크숍workshop: 소집단 정도의 인원으로 특정 문제나 과제에 대한 새로운 지식과 기술, 통찰 방법 등을 서로 교환하는 것.

10분, 10개월, 10년을 고민하라
10-10-10 법칙

1996년 2월 〈하버드 비즈니스 리뷰〉의 편집장으로 일하던 수지Suzy는 하와이에서 열리는 보험회사 임원 총회에서 강연을 해달라는 제안을 받았다. 그녀는 다섯 살과 여섯 살 된 어린 아이들을 키우고 있었지만 부부관계가 좋지 않아 남편에게 아이들을 맡길 수도 없는 상황이었다.

"아, 어떻게 하면 좋지. 그렇다고 일과 가정 중 어느 하나를 포기할 순 없어."

고민 끝에 수지는 강연회에 가기로 결정을 했다. 어린 아이들을 모두 데리고 말이다. 강연도 하고, 돈도 벌고, 남편과의 불화로 제대로 챙기지 못한 아이들과 함께 휴가도 보내기로 했다. 슈퍼우먼이 되기로 결심한 것이다.

하지만 슈퍼우먼으로서 수지의 꿈이 산산조각이 나는 데는 그렇게 오랜 시간이 필요하지 않았다. 아이들은 비행기를 타자마자 멀미에 시달렸고, 하와이에 도착해서는 해변에서 자외선 차단제를 잘못 발라 아이들이 광선피부염에 걸리는 바람에 밤새도록 얼음찜질을 해야 했다.

수지는 뜬눈으로 밤을 새우다시피 하고 다음 날 아침 호텔에서 운영하는 프로그램에 아이들을 맡겨놓고 부리나케 강연장으로 달려갔다. 강연이 끝날 무렵 강연장 뒤편에 웬 아이들이 유리문을 열고 안으로 들어오려는 모습이 보였다. 아뿔사! 그녀의 아이들이었다. 수지는 질문도 받는 둥 마는 둥 달려 나가 아이들을 붙잡았다. 엄마의 다리를 하나씩 붙잡고 매달린 아이들의 모습을 본 사람들은 불쌍하다는 듯 혀를 찼다. 모든 일이 뒤죽박죽되고 말았다.

사태를 가까스로 수습하고 난 그날 밤 수지는 호텔 발코니에 서서 곰곰이 생각했다.

"이래선 안 되겠어. 내 인생을 되찾기 위해서는 의사 결정을 다른 방식으로 좀 더 적극적으로 해야만 해. 즉각적인 결과, 그리고 가까운 미래의 결과, 또 먼 미래의 결과를 차근차근 고려해야겠어. 10분 후, 10개월 후, 10년 후……."

수지의 이런 경험이 바로 정확한 의사 결정을 내리게 해주는 법칙인 '10-10-10 법칙'의 발단이 됐다. 이 법칙을 만든 수지는 바로 GE의 전 CEO인 잭 웰치의 세 번째 부인인 수지 웰치 Suzy Welch 여사다. 수지 웰치는 〈하버드 비즈니스 리뷰〉 편집장 출신으로 잭 웰치의 책

《위대한 승리》,《승자의 조건》을 공동으로 집필하기도 한 저널리스트이자 작가다. 물론 이때는 아직 잭 웰치와 재혼하기 전이었다.

10-10-10 법칙에서 말하는 세 번의 10은 10분, 10개월, 10년을 의미한다. 어떤 의사 결정을 내려야 할 때 막연한 생각으로 판단하지 말고 10분 후, 10개월 후, 그리고 10년 후는 어떻게 될까 찬찬히 고민한 다음에 결정을 내리라는 것이다.

첫 번째 10은 바로 지금 당장을 의미한다. 1분이 될 수도 있고 한 시간 또는 한 주가 될 수도 있다. 두 번째 10은 가까운 미래다. 결정에 대한 초기 반응은 사라졌지만 상식적으로 봤을 때 그 결과가 계속 여파를 미치는 시간대다. 마지막 10은 아주 먼 미래라고 할 수 있다.

물론 10-10-10이라고 해서 무조건 10분, 10개월, 10년이라는 시간에 얽매일 필요는 없다. 15분이나 8개월, 12년이라고 해도 상관없다. 중요한 것은 어떤 결정을 내릴 때 당장의 영향과 중·장기적 영향을 골고루 고려해야 한다는 점이다. 그것이 바로 10-10-10 법칙의 핵심이다.

회사를 그만두고 싶어 하는 직장인이 있다고 가정하자. 당장 월급이 적거나 업무가 힘들어서 그만두려고 할 수도 있고, 현재는 편하고 좋지만 먼 미래를 고려해서 그만두려고 할 수도 있을 것이다. 가장 좋은 결정은 '10-10-10'을 모두 만족시키는 결정이 될 것이다.

10-10-10 법칙은 의사 결정의 균형을 잡아줄 뿐만 아니라 의사 결정에 대한 장기적 안목을 갖게 해준다. 순간적인 상황을 모면하기 위해서 결정을 내린다거나, 반대로 모든 결정을 장기적 시각에서만 바라본다면 결코 좋은 결정을 내릴 수 없을 것이다.

여럿이 모이면 극단적이 되는 이유
극화 현상

여러 사람들이 함께 모여서 의견을 모으다보면 혼자 있을 때의 생각보다 좀 더 극적으로 변하는 경우가 많다. 예를 들어 어떤 토론 주제에 대해서 찬성하던 쪽은 더 열렬히 찬성하게 되고 반대하는 쪽은 더 강하게 반대하게 되는 식이다.

이렇게 어떤 의견이나 견해가 평소의 생각이나 수준보다 더 극단적으로 변하는 현상을 '극화 현상'이라고 한다.

개인의 경우는 사람들로부터 관심을 끌려는 본능으로 주장이 극단적으로 변하게 된다. 쉽게 말해 밋밋하게 이야기하면 다른 사람들이 관심을 기울여주지 않기 때문에 과장하는 것이다.

또 평범한 의견보다는 실현 가능성이 없더라도 극단적인 주장을 펼칠 때 더 예리하다는 평가를 받는 경우도 있다. 이러한 현상이 일어나는 것은 어떤 주장을 통해서 다른 사람들과 스스로를 차별화시키고자 하는 욕구 때문이다.

특히 단체의 경우 그 단체를 구성하는 개개인보다도 훨씬 극단화되는 경우가 많다. 정치 모임이나 사회운동 단체들도 이러한 성향을 띠곤 한다.

진보적인 단체는 훨씬 진보적으로, 보수적인 단체는 훨씬 보수적으로 극단화된다. 단체의 의견이 극단화되는 것은 개인의 책임이 분산되기 때문이다. 팀 단위로 프로젝트를 진행할 때 구성원이 여럿이라면 그 책임도 팀원들의 숫자만큼 분산되기 때문에 부담 없이 극단적인 의견을 제시할 수 있게 된다. 만약에 혼자서 의견을 내고 혼자서 해당 프로젝트를 진행해야 한다면 훨씬 신중해질 수밖에 없을 것이다.

개인들의 사적인 모임에서도 이러한 극화 현상의 사례는 얼마든지 있다. 학교 동창이나 개인적으로 가까운 사람들의 모임 자리에 가보면 실현 불가능한 아이디어들이 마구 쏟아지는 것을 볼 수 있다.

매달 회비를 걷어서 연말에 여행을 함께 가자거나 돈을 모아서 봉사 활동에 적극 참여하자는 식의 의견이 너 나 할 것 없이 앞 다투어 쏟아진다. 모임 자리의 분위기로만 보면 당장 뭔가 이루어질 것 같지만 만남이 끝나고 나면 아무 일 없었다는 듯이 제자리로 돌아가는 경우도 많다. 물론 술에 취해 실언을 한 경우도 있겠지만 단체의 힘을 빌려 평소의 생각보다 극단적으로 말한 탓에 실현 가능성이 낮아진 것이다.

조직에서도 팀 단위의 의견을 개진할 때는 일부 구성원들이 '오버'할 가능성이 있음을 알아두는 것이 좋다.

• **비즈니스 상식** •

도요타의 의사 결정 회의체, 자주연구회

도요타에는 의사 결정을 하는 많은 회의체가 있다. 그 가운데서도 도요타만의 독특한 회의 문화인 '자주연구회'가 있는데, 이 연구회는 1876년 도요타

그룹 각 사가 모여 도요타 생산 방식 자주연구회를 결성하면서 시작되었다. 우선 낭비란 무엇인가에서 시작해 진정한 문제는 무엇인가를 철저하게 생각해내도록 한다. 자주연구회의 목표는 문제를 보는 안목을 기르는 것이지만 회원들 간의 원활한 커뮤니케이션을 도모하는 것이기도 하다.

— 비즈니스 3단계 —
marketing

비즈니스 3단계 ──
marketing

고객을 내 편으로 만드는 세일즈 법칙

겨우 눈길을 주는가 싶더니 어느새 등 돌리는 무정한 그대,
그대 이름은 고객. 점점 까다로워지는 고객의 입맛을 맞추기란
변덕쟁이 연인을 달래는 것보다 더 어려운 것 같다.
그러나 좌절하기엔 이르다. 험한 산에도 길은 있기 마련이니까.
알다시피 세일즈에는 많은 변수와 법칙들이 작용한다.
다음에 나오는 법칙들은 영업에 가장 기본이 되는 핵심 원칙이다.
상황에 맞게 활용하면서 자신만의 영업 전략을 구축해보자.

한 번 영업으로 250배 효과를! **조 지라드의 250명 법칙**
사람은 북적거리는데 매출은 왜 안 오를까? **부딪침 효과**
15초, 결정적 순간을 잡아라 **MOT | 곱셈의 법칙**
장의사도 단골 고객이 필요하다고? **부메랑 법칙**
싫다고 내쫓아도 자꾸 보면 정든다 **에펠탑 효과**
중간 가격대에 승부를 걸어라 **송죽매의 법칙**
영업 잘하려면 유대인들처럼 **78:22의 법칙**
중고차 팔 때는 고물차부터 보여줘라 **대조 효과**
명품 백만 봐도 가슴이 콩닥콩닥 **스탕달 신드롬**
잊히지 않으려면 미련을 남겨라 **자이가르닉 효과**

Episode

최고의 세일즈맨을 만든 하얀 손수건 한 장

일본 푸르덴셜 역사상 최고의 세일즈맨 중 한 사람으로 꼽히는 가와이 오사무는 유능한 보험 세일즈맨이 되기 위한 원칙에서 많이 동떨어진 사람이었다. 1년 내내 책 한 권은커녕 신문 한 줄도 제대로 보지 않았다. 게다가 영업사원들의 '머스트 해브' 아이템으로 꼽히는 시스템 다이어리 같은 것도 거들떠보지 않았다.

얼핏 봐서는 도무지 뛰어난 세일즈맨이 될 만한 이유를 찾아보기 힘든 사람이었다. 하지만 그에게는 비장의 무기가 하나 있었는데, 바로 깨끗하게 빨아서 곱게 개어놓은 '하얀 손수건' 한 장이었다. 가와이 오사무를 한 번 만난 고객들은 그를 쉽게 잊지 못했다. 잊지 못할 뿐만 아니라 매우 강렬한 기억을 갖게 됐다. 바로 그 하얀 손수건 한 장 덕분이다.

영업을 하다보면 고객의 집을 직접 방문하게 될 때가 있다. 가끔은 사무실도 신발을 벗고 들어가야 하는 곳이 있다. 상담을 위해 고객의 집이나 사무실을 방문해서 자리에 앉으면 들고 간 가방을 자리 옆에

내려두어야 하는데, 이때 가와이 오사무는 독특한 행동으로 고객의 눈길을 사로잡았다.

가방에서 아주 깨끗한 흰 손수건을 한 장 꺼내 바닥에 깔고 그 위에 가방을 올려놓는 것이다. 그냥 주머니 속에 구겨 넣은 땀 묻은 손수건이 아니다. 가방 하나를 깔기 위해서 별도로 준비했다는 느낌이 드는 아주 깨끗한 손수건이다.

당연히 고객은 놀란 눈으로 그 광경을 바라볼 수밖에 없다.

"아, 괜찮습니다. 그냥 아무 데나 편하게 놓으세요."

보통 사람들이라면 당연히 그런 유난스러운 행동을 만류하고 나섰을 것이다. 그렇다고 해도 가와이 오사무는 자신의 고집을 결코 꺾지 않았다.

그가 흰 손수건 위에 가방을 올려놓는 이유는 간단했다. 영업사원의 가방은 영업사원의 신발과 비슷하다고 생각했기 때문이다. 이 가방의 하루를 생각해보면 좀 더 명확해진다. 하루 종일 영업을 위해 여러 곳을 방문하면서 더러워졌을 것이다. 다른 사무실 바닥에 내려놓았을 수도 있고, 심지어 화장실 바닥이나 흙투성이 바닥에 내려놓았을 수도 있다.

하루 종일 열심히 뛴 가방을 고객의 집 안에 그대로 내려놓는 것은 흙이 잔뜩 묻은 구두를 신은 채 고객의 집에 그대로 들어가는 것과 마찬가지라고 생각한 것이다.

너무나 사소한 일이었지만 고객들은 상대방을 배려하는 가와이 오사무의 그런 정신과 태도를 좋아했다. 아니 그런 세일즈맨을 좋아하지 않는 고객이 이상한 사람 아닐까?

영업에서 성공하기 위한 수많은 법칙과 이론이 있다. 하지만 어려운 이론이나 노하우보다 훨씬 더 중요한 것은 고객의 마음을 얻는 데 있다.

　세일즈맨이라면 자신만의 무기 또는 트레이드마크를 하나 만드는 것이 어떨까? 가와이 오사무의 하얀 손수건처럼 말이다.

한 번 영업으로 250배 효과를!
조 지라드의 250명 법칙

"사람이 몇 명 올지도 모르는데 카드를 얼마나 인쇄해야 할지 어떻게 아세요?"

조 지라드Joe Girard가 자동차 영업을 시작한 지 얼마 되지 않았을 때의 일이다. 친구 어머니가 돌아가셔서 장례식에 참석하게 되었다. 조 지라드는 천주교식으로 진행된 장례식장에서 장의사가 고인의 이름과 사진이 인쇄된 미사카드를 나눠주고 있는 모습을 유심히 바라보다 호기심이 생긴 것이었다.

장의사는 너무나 쉽다는 듯한 표정을 지으며 대답했다.

"아, 어떻게 알긴요, 경험으로 아는 거죠. 방명록을 보고 참석한 사람들을 한번 세어보세요. 아마 250명 정도 될걸요?"

그런 일이 있고 나서 얼마쯤 지났을 때의 일이다. 이번에는 그에게 자동차를 구매하려는 고객 중에 개신교 장의사가 있어서 비슷한 질문을 던졌다. 그랬더니 놀랍게도 그 장의사 역시 똑같은 대답을 해주었다.

"250명 정도 될걸요? 물론 사교적이지 않은 사람은 그보다 좀 적을 수 있고, 좀 더 사교적인 사람은 그보다 더 많을 수 있겠죠."

조 지라드는 장례식에 참석하는 고객들을 보면서 새로운 깨달음을 얻었다. 한 사람이라고 생각했던 고객이 사실은 한 사람이 아니었다. 한 사람의 고객 뒤에는 보이지 않는 250명의 잠재고객이 자리하고 있다는 사실을 알게 된 것이다.

물론 사람마다 차이는 있을 것이다. 마당발을 자랑하며 인맥이 넓은 사람들은 그 숫자가 많을 테고, 조금 무미건조한 인간관계를 유지해온 사람이라면 그 숫자가 얼마 안 될 수도 있다.

하지만 대부분의 사람들은 평균적으로 결혼식이나 장례식 같은 인생의 중요한 행사에 초대할 정도로 친숙한 사람을 250명 정도씩은 가지고 있다고 한다. 이는 한때 세계 최고의 판매왕으로 불린 전설적인 세일즈맨 조 지라드가 주장한 '250명 법칙'이다.

조 지라드는 기네스북이 선정한 세계 최고 세일즈맨 자리에 12년 연속으로 오른 영업의 달인이다. 1963년 처음 자동차 판매를 시작한 이후 첫해에 267대의 자동차를 판매한 데 이어 4년째에는 614대의 승용차와 트럭을 팔았다. 하루에 두 대꼴로 팔아치운 것이다. 화장품이나 정수기가 아니라 자동차를 말이다!

그가 처음부터 성공한 인생을 살았던 것은 아니다. 35세가 될 때까지 그는 완전한 인생의 실패자였다. 고등학교에서는 퇴학을 당했고 취직하는 직장마다 번번이 쫓겨나는 바람에 40군데의 일터를 전전해야 했다.

하지만 자동차 영업을 시작한 이후부터 그는 승승장구했다. 그리고 영업의 달인이 되어가는 과정에서 자신만의 수많은 영업 철학을 하나씩 세워나갔다. 250명 법칙도 바로 그러한 조 지라드만의 영업 철학 중 하나다.

조 지라드의 250명 법칙은 특별한 연구나 실험을 통해서 밝혀진 결과가 아니기 때문에 숫자의 정확성이나 조사의 신빙성 같은 것을 시시콜콜하게 따질 필요는 없다. 비슷한 내용의 '150명 법칙'도 있다. 하지만 그 법칙이 나타내는 의미만큼은 결코 가볍지 않다.

가끔 고객이 자신의 상품을 구매해주지 않거나 별로 마음에 들지 않는다고 생각해서 소홀하게 대하는 경우도 있을 것이다. 이때 그 사람에게만 상품을 팔지 않으면 그만이라고 생각하면서 고객에게 건방진 말투로 대하거나 고객을 화나게 만들 수도 있다. 하지만 그러한 반응은 한 사람의 고객을 버리는 것이 아니라 그 고객을 통해 자신의 주머니를 채워줄 250명의 잠재고객을 한꺼번에 잃는 결과를 가져온다는 사실을 명심해야 한다.

반대로 생각해보면 250명 법칙의 진가를 알 수 있다. 한 명의 고객에게 성심성의껏 정성을 다해 대해보라. 그러면 한 사람의 고객만 얻는 것이 아니다. 그 고객은 아마 자신이 알고 있는 많은 사람들에게 그 영업사원을 칭찬하게 될 것이다. 결국 한 명의 고객을 만족시켰다는 것은 그 고객이 알고 있는 250명 고객의 마음을 한꺼번에 얻게 되었다는 의미이기도 하다.

250명이든 150명이든, 아니면 50명이든 숫자가 중요한 것이 아니다. 조 지라드가 발견한 것은 250명이라는 사람의 숫자가 아니라 한 사람의 고객 너머에는 보이지 않는 잠재고객이 존재한다는 사실이었다.

사람은 북적거리는데 매출은 왜 안 오를까?
부딪침 효과

세계적인 컨설팅 회사인 인바이로셀의 CEO인 파코 언더힐은 사람들의 쇼핑 패턴을 연구하는 전문가다. 그는 특정한 장소에 캠코더를 세워놓고 사람들의 행동을 카메라에 담아 그것을 분석하곤 했다. 어느 날 파코 언더힐은 캠코더를 들고 뉴욕 센트럴파크 인근에 위치한 블루밍데일 백화점을 방문했다.

"여기쯤에 캠코더를 설치해볼까?"

파코 언더힐은 백화점 1층 중앙 현관에 캠코더를 설치하고 입구 바로 앞 복도에 있는 넥타이 코너에 렌즈를 고정시킨 다음 붐비는 시간대에 사람들이 출입구를 오가는 모습을 촬영하기 시작했다.

여러 시간 동안 촬영한 동영상을 사무실로 가지고 와서 직원들과 함께 분석 작업을 하던 중 그는 사람들의 특별한 행동 하나를 발견해냈다.

"어? 여기 좀 봐. 이 사람들이 왜 이리로 자꾸 돌아서 나가는 거지? 필름을 좀 앞으로 다시 돌려봐."

파코 언더힐은 화면을 유심히 관찰하던 중 넥타이 코너로 가던 사람들이 백화점으로 들어오는 사람들과 부딪칠까 봐 걸음을 멈칫거린다는 사실을 발견해냈다. 그 코너를 지나가는 사람들 중 여러 명이 반복적으로 그런 행동을 보였다. 그렇게 한두 차례 부딪친 사람들은 대부분 넥타이 구경을 포기한 채 서둘러 매장을 빠져나갔다.

"아하, 사람들은 물건을 구경하거나 매장 사이를 돌아다닐 때 뒤쪽에서 누군가와 부딪치거나 접촉되는 것을 몹시 꺼리는군. 아무리 관심 있는 상품이라고 해도 그런 부딪침을 감수하면서까지 관심을 갖고 볼 리가 없지."

파코 언더힐은 그러한 쇼핑 고객의 행동을 '부딪침 효과'라고 이름 붙였다. 그리고 그 조사 결과를 가지고 다시 백화점을 방문해 관계자들을 만났다.

"혹시 넥타이 코너 매출 때문에 고민하고 계시지 않나요?"

"아니, 그것을 어떻게 아셨습니까? 사실은 넥타이 코너가 메인 통로에 위치해 있는데도 기대보다 매출이 오르지 않아 무척 고민스러웠습니다."

파코 언더힐은 자신이 찍은 동영상을 보여주며 부딪침 효과에 대해 설명을 해주었다.

그의 조언을 들은 블루밍데일 백화점 측은 이후 넥타이 코너를 메인 통로에서 조금 떨어진 곳으로 옮겼고, 그 결과 매출이 크게 향상됐다.

파코 언더힐은 고객의 구매 습관과 행동에 대한 관찰을 통해 '쇼핑의 과학'이라고 불릴 만한 여러 가지 효과와 법칙들을 발견해냈다. 그의 이론이 주목을 받는 이유는 책상 앞에서 이루어진 연구 결과가 아니라 엄청난 시간을 투자해서 직접 고객을 만나고 쇼핑 현장을 지켜보면서 얻은 결과이기 때문이다. 고객의 쇼핑 습관을 자세히 관찰함으로써 그동안 고객의 구매 행동에 대해 기계적으로 적용해온 이론이나 논리들에 대한 새로운 접근이 가능해졌다.

그는 해마다 5~7만 명의 쇼핑객을 인터뷰한 자료와 2만 시간 넘게 촬영된 비디오테이프를 토대로 쇼핑객의 성별과 연령은 물론 세세한 표정과 움직임까지 분석해 제품과 매장 관리에 필요한 정보를 제공하고 있다.

  1992년 매장 촬영을 위해 지속 촬영용 슈퍼 8밀리 필름을 6만 달러어치나 사용했는데, 당시 필름을 판매했던 코닥사로부터 단일 소비자로는 세계에서 가장 많은 필름으로 사용한 회사라는 말을 들을 정도였다고 한다.

● 비즈니스 상식

백화점에 없는 세 가지

백화점이란 말 그대로 백 가지의 물건을 갖춘 곳, 즉 없는 것 없이 모든 상품을 판매하는 곳이다. 있을 것 다 있는 백화점에 없는 것이 세 가지 있다. 바로 시계와 창문, 1층 화장실이다.

시계와 창문을 없앤 것은 소비자들이 시간에 대한 관념이 희박한 상태에서 매장에 오래 머물면서 쇼핑을 하도록 유도하기 위함이고, 1층에 화장실을 두지 않은 것은 명품 브랜드가 많은 매장 특성상 화장실만 들렀다가 나갈 사람들이 들어오지 못하도록 하기 위함이다.

하지만 백화점의 3무無 정책도 요즘은 옛말이 되어버렸다. 강제적으로 쇼핑을 유도하기보다 자연스러운 분위기에서 쇼핑을 할 수 있도록 소비자들을 편안하게 하는 데 초점을 맞추고 있기 때문에 일부 매장에는 시계나 창문을 달기도 하고 1층에 화장실을 두는 매장도 늘고 있다. 눈앞의 매출에 연연하기보다는 장기적 관점에서 고객들의 편의를 충족시키는 것이 더 유리하다는 판단 때문이다.

15초, 결정적 순간을 잡아라
MOT | 곱셈의 법칙

스칸디나비아 항공사의 CEO인 얀 칼슨Jan Carlzon은 1988년 한 해 동안 고객들의 이용 행태를 분석해보았다. 그 결과 1,000만 명의 고객이 한 사람당 평균 다섯 명의 항공사 직원과 접촉하고 있으며 1회 응대 시간은 평균 15초인 것으로 나타났다.

"이 15초가 결정적 순간을 제공하게 되는 셈이군. 그렇다면 이 중요한 15초를 결코 놓칠 수 없지."

얀 칼슨은 《결정적 순간 15초》란 책을 통해서 기업의 서비스 품질에 대한 고객의 인식은 단 15초 이내에 결정된다고 주장했다. 그리고 그 결정적인 15초의 순간을 'MOT Moment of Truth'라고 불렀다.

그는 다섯 명의 직원이 1,000만 명의 고객에게 무려 5,000만 번에 걸쳐 놓칠 수 없는 '결정적 순간'을 제공하게 되고, 또 이 5,000만 번에 달하는 MOT가 회사의 성패를 좌우한다고 믿었다.

그래서 15초에 불과한 MOT, 곧 '진실의 순간'을 붙잡기 위해 파격적인 조직 구조 개편을 시도했다. 기존의 피라미드형 조직을 수평 조직으로 바꾸고, 현장의 책임자들에게 많은 권한을 부여했다. 결재 단계를 줄이고, 관리에 대한 권한도 일선 실무진에게 크게 위임했다. 고객과의 만남에서 문제가 발생할 때마다 윗선에 보고해서 결정을 기다려야 한다면 아마 무수한 15초들이 그냥 흘러 지나가고 말 것이기 때문이다.

MOT 경영을 통해서 서비스 수준을 획기적으로 향상시킨 스칸디나비아 항공사는 1년 만에 연간 800만 달러 적자 상태에서 흑자 회사로 환골탈태했다. 이 개념을 경영에 도입한 얀 칼슨 스스로도 크게 놀랄 만한 성과였다.

MOT란 말은 원래 스페인의 투우 용어인 'Moment De La Verdad'에서 유래했다. 투우사가 소의 급소를 찌르는 순간으로, 실패한다면 투우사의 생명을 장담할 수 없는 절체절명의 순간이다. 이 말은 스페인의 경영학자 리처드 노먼Richard Norman이 학문적으로 사용하기 시작했으며, 얀 칼슨이 실제 기업 경영에 적용하면서 고객만족경영의 핵심적인 키워드로 떠올랐다.

MOT가 중요한 이유는 여기에 '곱셈의 법칙'이 적용되기 때문이다. 즉 고객의 만족도는 각각의 진실의 순간마다 느낀 만족도의 합이 아니라 곱에 의해서 결정된다는 것이다. 곱셈에서 한 번의 0이나 마이너스는 모든 것을 0이나 마이너스로 만든다. 아흔아홉 번을 잘해도 단 한 번 마이너스 점수를 받으면 전체 만족도가 마이너스로 바뀌는 것이다.

고객은 기업과 접촉하는 모든 순간에 불만을 느껴서 떠나는 것이 아니다. 수많은 순간 중에 단 한 번의 불만족스러운 순간 때문에 떠나는 것이다. VIP 고객들을 대상으로 한 눈물 나도록 감동적인 몇 건의 서비스가 아니라, 시시각각 일어나는 끊임없는 작은 접촉들이 고객만족을 위해서는 더 중요하다는 얘기다. 실제로도 고객은 그렇게 참을성이 많지 않고 오래 기다려주지도 않는다. 15초에 불과한 아주 짧은 시간 동안의 판단으로 떠나기도 하고 남기도 한다.

기업 입장에서는 전체 서비스가 아니라 하나하나의 순간 그 자체가 서비스 상품인 셈이다. 애피타이저부터 디저트에 이르기까지 훌륭한 식사를 제공받았지만 계산대에서 불친절한 종업원과 마주친 고객은 훌륭한 식사보다 불쾌한 계산원을 생각하게 될 것이다.

그러므로 사소하게 여기기 쉬운 안내원이나 경비원, 주차관리 요원, 전화 상담원 등 일선에서 고객과 직접 접촉하는 서비스 종업원의 접객 태도가 회사의 운명을 좌우할 결정적 요소로 작용할 수도 있다.

장의사도 단골 고객이 필요하다고?
부메랑 법칙

"주말에 마실 와인을 한 병 고르려고 하는데 어떤 게 좋을까요?"

만약 고객이 이런 질문을 던진다면 대부분의 매장 종업원은 가장 비싼 와인을 먼저 보여줄 것이다. 그리고 조금씩 가격을 낮춰가면서 와인을 보여주고, 마지막으로 가장 싼 와인을 내놓으며 한마디 할지도 모른다.

"7,000원짜리도 있긴 합니다만……."

마치 아주 싼 가격의 제품은 결코 권할 만하지 못하다는 자세와 함께 그럼에도 불구하고 그런 제품을 구매하겠느냐고 고객에게 무안을 주는 방법이다. 비싼 제품을 팔아먹기 위한 일종의 상술이다. 그런 분위기에서는 고객도 싼 제품을 선뜻 선택하지 못한다.

저울로 무게를 달아서 상품을 판매하는 매장에서도 이런 식의 '상술'들이 효과를 발휘한다. 주머니 사정이 좋지 않은 고객이 소고기를 조금만 사고 싶은 생각에 정육 코너 앞을 서성거리고 있다.

"소고기 200그램만 주시겠어요?"

이런 부탁을 받았을 때 200그램을 딱 맞추어 건네주는 판매원은 거의 없다. 그렇다고 190그램이나 180그램처럼 모자란 양을 내놓는 판매원은 더더욱 없다. 고객의 요청에는 아랑곳하지 않고 넉넉하게 250그램쯤 달아서 고객 앞에 내놓는다. 그런 상황에서 50그램만 덜어서 다시 계량을 해달라고 부탁하기는 무안하다. 200그램만 사고 싶은 고객에게 억지로 50그램을 더 사도록 만드는 상술이다.

아일랜드의 슈퍼마켓 기업인 슈퍼퀸의 피어갈 퀸Feargal Quinn 사장은 이러한 판매의 상술을 정면으로 거부했다. 그는 장사에는 골프의 드라이버가 아닌 부메랑이 필요하다고 생각했다. 육중한 드라이버로 단번에 멀리 보내는 것이 아니라 던지면 다시 돌아오게 해야 한다는 것이다. 그래야 더 큰 이익을 올릴 수 있다고 믿었기 때문이다. 그것이 곧 판매의 '부메랑 법칙'이다.

"이 결정이 고객을 다시 불러오는 데 과연 도움이 될까?"

피어갈 퀸이 중요한 의사 결정을 내릴 때 우선순위에 둔 것은 언제나 단기적 성과가 아니라 고객과의 장기적인 관계였다. 오늘 매출을 얼마나 올릴 것인가보다는 그 결정이 고객을 다시 불러오는 데 도움이 되는가를 먼저 생각했다.

실제로 슈퍼퀸에서는 장기적 관계 구축을 위해서 단기적 성과를 포기한 사례가 많다. 대표적인 것이 계산대 근처 공간에서 판매하는 과자나 사탕이다.

"엄마, 나 이 사탕 먹고 싶어. 사탕 사주세요."

부모들이 계산대에서 물건 값을 계산하는 동안 아이들은 계산대 옆에 진열돼 있는 달콤한 사탕에 손이 갈 수밖에 없다. 앞으로도 뒤로도 갈 수 없는 좁은 통로, 뒤에는 새로운 고객들이 자신의 차례를 위해서 계속 전진하고 있는 상황에서 계산대 앞에 선 부모는 울며 겨자 먹기 식으로 아이들의 부탁을 들어줄 수밖에 없다. 슈퍼마켓 입장에서 볼 때는 대단히 효율적인 상술일지 몰라도 고객 입장에서는 무척이나 비인도적인(?) 상술이라고 할 수 있다. 부모들의 불평불만이 하늘을 찌를 듯이 높았음은 물론이다.

"오늘부터 당장 계산대 옆의 사탕과 과자 판매 코너를 없애도록 하세요."

피어갈 퀸은 그러한 이야기를 듣고 당장 계산대 개조 작업을 지시했다. 부메랑 법칙에 따라 오늘의 매출보다 오랫동안 이 가게의 고객이 될 부모들의 요청을 따른 것이다. 당장 사탕 몇 개에 대한 매출 손해는 피할 수 없겠지만 그런 변화가 기업 전체의 발전에는 분명히 도움이 된다는 것을 피어갈 퀸은 알고 있었다.

많은 기업이 신규 고객 유치를 위해서는 많은 돈을 쏟으면서 정작 기존 고객을 튼튼하게 강화시키는 데는 크게 주목하지 않고 있다. 부메랑 법칙은 기존 고객들을 유지하기 위한 강력한 수단이 된다.

순간의 매출을 얻은 데 대한 반대급부로 기존 고객을 잃는다면 새로운 고객 유치를 위해 더 많은 돈을 쏟아부어야 할 것이다. 눈앞의 작은 이익을 포기하더라도 장기적인 관계 유지를 위해 힘쓰는 것이 어떻게 보면 더 경제적이고 합리적인 방법이라고 할 수 있다.

부메랑 법칙의 교훈은 '윈윈'이다. 고객과 기업이 모두 승리하는 편에 서게 된다. 고객을 괴롭혀서 이익을 얻는 것이 아니라, 고객을 즐겁게 만들면서 이익을 올리는 구조가 돼야 한다.

● 비즈니스 상식 ●

무료 서비스만 쏙쏙, 얄미운 체리피커

신용카드를 이용하다보면 다양한 할인 행사나 무료 서비스 등 카드 회사에서 제공하는 특별한 혜택을 접하게 된다. 서비스를 잘 이용하기만 하면 영화도 반값에 볼 수 있고, 놀이공원 입장료도 할인받을 수 있다. 고객들의 소비를 유도하기 위해 카드 회사들마다 치열한 판매 촉진 경쟁을 벌이면서 생긴 현상이다. 소비자들은 아무래도 이런 카드에 먼저 손이 가게 마련이다.

하지만 고객들 중에는 카드 회사에서 제공하는 특별한 서비스 혜택은 알차게 누리면서 막상 신용카드는 별로 사용하지 않는 사람들도 많다. 이런 소비자들을 '체리피커Cheery Picker'라고 부른다. 신포도와 체리가 섞여 있는데 달콤한 체리만 '쏙쏙' 골라먹는다고 해서 붙여진 이름이다. 상품 구매나 서비스 이용 실적은 좋지 않으면서 자신의 실속 챙기기에만 관심 있는 소비자를 일컫는 말이다.

체리피커들에 대응하기 위해 기업에서는 비용 부담이 큰 서비스를 줄이고 이들을 일반 고객과 구분해서 차별화하는 정책을 시행하기도 한다. 정도가 심한 체리피커들의 경우 별도의 리스트를 만들어 업계에서 공동으로 대응하는 경우도 있다고 한다.

싫다고 내쫓아도 자꾸 보면 정든다
에펠탑 효과

"에펠탑은 꼴도 보기 싫소. 내 동상도 에펠탑을 보지 않게 돌려 세워 주시오."

파리에 살았던 프랑스의 소설가 모파상은 에펠탑을 끔찍이 싫어했다. 자신이 에펠탑을 보는 것은 물론이고 몽소 공원에 세워진 자신의 동상도 에펠탑을 보지 않게 세워달라고 했을 정도다.

"에펠탑 근처로는 절대 지나가지도 않을 거예요."

랭보의 연인으로 유명한 상징파 시인 폴 베를렌 역시 흉측한 에펠탑이 보기 싫다며 에펠탑 근처에도 가지 않았다.

프랑스 제3공화국 정부는 1870~1871년 프로이센-프랑스전쟁에서 패배한 상처를 씻고 다시 강력해진 프랑스를 전 세계에 과시하고 싶었다. 그러한 목적으로 1889년 파리 만국박람회를 개최하기로 하고 기념물 설계 공모전을 실시했으며, 수많은 응모작 중에서 300미터 높이의 철제 구조탑 건설을 제안한 기술자 알렉상드르 구스타브 에펠의 계획을 채택했다.

하지만 문화와 예술의 도시 파리 한복판에 마치 전기 송신탑과도 같은 거대한 철제 구조물이 들어선 것에 대해 반대의 목소리가 높았다. 특히 문화예술인들의 반발이 가장 거셌다.

"에펠탑을 없애는 데 여러분의 힘을 모아주시오. 우리가 힘을 합치면 에펠탑을 철거할 수 있을 겁니다."

　급기야 프랑스에서는 '에펠탑 철거를 위한 300인 선언'이 발표되기까지 했다. 모든 파리지앵들이 끔찍하게도 싫어했던 에펠탑이 살아남을 수 있었던 이유는 탑 꼭대기에 설치된 전파 송출 장치 덕분이었다. 에펠탑은 싫지만 전파 송출 장치 때문에 없앨 수 없다니 어쩔 수 없이 지켜볼 수밖에 없었던 것이다.

　하지만 놀랍게도 에펠탑이 세워진 지 100여 년이 지난 오늘날에는 모두가 에펠탑을 칭송하고 찬양하느라 바쁘다. 도대체 그동안 무슨 일이 있었던 것일까?

　그렇게 혐오하던 에펠탑을 모두가 사랑하게 된 이유는 다른 곳에 있었다. 에펠탑은 그 높이가 300미터도 넘어서 파리 시내 어느 곳에서나 아주 잘 보인다. 파리 시민들은 좋든 싫든 눈만 뜨면 에펠탑을 볼 수밖에 없었다.

처음에는 그토록 흉물스럽던 철제탑이 자꾸 보고 또 보고 하다보니 정이 든 것이다. 이렇게 단지 자주 보는 것만으로도 호감이 증가하는 현상을 '에펠탑 효과'라고 부른다. 심리학에서는 '단순 노출의 효과'라고 부르기도 한다.

에펠탑은 파리의 상징이자 프랑스의 상징이기도 하다. 에펠탑이 없는 파리는 상상조차 할 수 없다. 전 세계에서 연간 2,800만 명의 관광객들이 파리를 찾아 에펠탑을 바라보며 감탄사를 연발한다. 에펠탑 전망대에 올라 파리 시내를 구경하거나 탑 아래에서 사진을 찍으며 에펠탑을 만끽한다. 이토록 전 세계인의 사랑을 받는 에펠탑이 원래는 애물단지에 흉물 그 자체로 모든 사람의 미움을 받은 적이 있다는 사실에 놀라움을 금할 수 없다.

TV에 등장하는 탤런트나 가수들 중에서도 처음에는 외모가 별로 예쁘지 않았는데 자주 접하다보면 어느새 예뻐 보이는 경우가 있다(물론 성형 수술을 한 경우는 예외다!). 회사에서 매일같이 얼굴을 대하는 이성의 동료와 연애를 하게 되는 것도 에펠탑 효과의 영향이 크다. 처음에는 서로 별로라고 생각해도 자꾸 보면 어느새 괜찮다고 느껴지기 때문이다.

영업을 하는 사람이라면 이 에펠탑 효과를 잊어서는 안 된다. 처음에는 물건을 사기 싫다며 문전박대하던 고객도 같은 얼굴을 자꾸 보면 정이 들어 뭐라도 하나 더 사주고 싶어지게 된다. 고객이 싫어한다고 바로 포기하지 말고 익숙해질 때까지 계속 얼굴을 내밀어보라.

300미터가 넘는 거대한 흉물도 예뻐 보이는데 '그깟' 영업사원이 안 예뻐 보일 리 없을 것이다.

> **● 비즈니스 상식 ●**
>
> ### 고객 얼굴 잊을라, 제록스의 '페이스 투 페이스'
>
> 미국의 복사기 회사인 제록스에는 '페이스 투 페이스 Face to Face'라는 제도가 있다. 영업사원들이 고객과 자주 얼굴을 맞대도록 하는 것이다. 제록스의 영업사원들은 고객의 요청이 없어도 적어도 일주일에 한 번은 고객을 방문한다. 이렇게 자주 영업사원의 얼굴을 보는 고객들은 직장 동료 이상의 친근감을 느끼며 제록스의 제품과 서비스에 만족하는 비중이 95퍼센트에 이른다고 한다.
> 자주 접촉하는 것 이상으로 친밀감을 높일 수 있는 방법은 없다. 제록스는 이렇게 구축된 친밀감을 토대로 고객의 향후 제품 구입에 대한 필요성 및 성향을 파악함으로써 적절한 시기에 고객이 원하는 서비스를 제공할 수 있는 시스템을 갖추고 있다.

중간 가격대에 승부를 걸어라
송죽매의 법칙

"점심 식사는 어떤 코스로 하시겠습니까?"

"글쎄요, 메뉴 이름만 봐서는 잘 모르겠지만 중간 것으로 하죠. 그게 가장 적당해 보이는데요?"

고급 한식당이나 일식당 또는 중식당에 가면 보통 두세 가지 종류의 각기 다른 코스 요리가 제공되는 것을 볼 수 있다. 음식의 가짓수나 사용하는 재료에 따라 가격 차이를 두고 메뉴를 구성한 것이다.

하지만 고급 음식점의 경우 메뉴 이름에 음식 가격이나 재료의 우열이 직접적으로 드러나게 하지는 않는다. 가격대로 보면 상·중·하라고 구분할 수 있겠지만 메뉴 이름은 식당 이름의 앞 머리글자를 따서 '용 정식', '수 정식', '산 정식'이라고 하거나 '솔향 정식', '수라 정식' 같은 식으로 표현한다. 싼 메뉴를 선택하더라도 고객이 무안을 느끼지 않도록 하기 위한 배려라고 할 수 있다.

일본에서는 초밥이나 장어, 그리고 일본 전통식인 가이세키會石 요리를 주문할 때 송죽매松竹梅라고 쓰인 메뉴에서 고르는 경우가 많다고 한다. 송·죽·매 역시 특별한 의미가 있는 것은 아니며, 체면을 배려하는 일본인들의 성향에 따라 차등을 드러내지 않도록 만든 메뉴판이라고 할 수 있다.

송·죽·매 메뉴는 에도江戶 시대 1603~1867에 장어집과 메밀국수집에서 주로 사용하기 시작했는데 특상·상·보통 메뉴를 고객들에게 부담이 가지 않도록 이름을 바꾼 것이다.

재미있는 것은 송죽매 메뉴에도 일정한 법칙이 있다는 점이다. 에도 시대 장어집 주문에서 오늘날 가이세키 요리 주문에 이르기까지 통계적으로 보면 항상 '죽' 메뉴를 선택하는 고객의 비율이 압도적으로 높다는 것이다. 이것이 바로 '송죽매의 법칙'이다.

송죽매의 법칙은 보통 우리나라 사람들의 경우에도 크게 다르지 않다. 사람들은 식당에서 코스 메뉴를 시킬 때 중간 가격대를 선택하는 경향이 강하다. 고급 코스는 너무 비싸고 그렇다고 해서 가장 싼 메뉴를 시키기에는 체면이 서지 않기 때문이다.

송죽매의 법칙에는 그 가게의 영업 전략이 숨어 있다. 예를 들면 세 종류의 상품 가운데 그 가게에서 전략적으로 판매하고자 하는 메뉴를 중간 가격대에 집중적으로 구성하는 것이다. 그렇게 하면 재료를 준비하거나 요리를 하기도 쉬워진다.

서비스 상품이나 패키지 상품을 구성할 때도 가장 팔고 싶은 상품을 중간 가격대에 두고 아주 비싼 상품과 싼 상품을 위아래로 구성하면 고객들이 중간 가격대를 선택할 가능성이 높아진다.

송죽매의 법칙에는 또 하나의 비밀이 숨어 있다. 바로 가격 정책에 관한 것이다. 세 가지 가격대의 메뉴를 구성할 때 중간 상품의 가격을 정중앙이 아니라 약간 송 쪽으로 치우친 '중상' 지점에 위치시킨다는 것이다. 예를 들어 송죽매 메뉴라면 송 3만 원, 죽 2만 원, 매 1만 원의 구성이 아니라 송 3만 원, 죽 2만 2,000원, 매 1만 원으로 가격을 매긴다.

그렇게 하면 힘들이지 않고도 매출을 10퍼센트 올릴 수 있다. 또한 죽의 가격대가 최상급인 송과 조금 더 가까워진다면 아예 최상급으로 주문할 수도 있다.

"가격 차이도 얼마 안 나는데 죽을 선택할 바에는 차라리 송을 주문하는 게 어때?"

물론 죽의 가격이 너무 높을 때는 오히려 부담을 느껴 가장 싼 메뉴를 선택하는 비율이 늘어날 수 있다. 소비자의 선택을 원하는 대로 이끌어낼 수 있는 절묘한 구성이 바로 송죽매 법칙의 핵심이다.

● 비즈니스 상식 ●

VOC, 고객의 목소리에 귀 기울여라

고객을 만족시키려면 고객이 원하는 것을 잘 알고 있어야 한다. 고객이 무엇을 원하는지도 잘 모르는 상태에서 고객이 원하는 일을 해줄 수는 없는 노릇이다. VOC$^{Voice\ of\ Customer}$란 '고객의 소리'를 말한다. 매장이나 인터넷 홈페이지 게시판, 콜센터 등은 물론 포커스 그룹 인터뷰 등의 방법을 통해 고객의 불만 사항을 일일이 파악하는 것을 의미하며 고객만족경영에서 매우 중요한 요소 가운데 하나다.

영업 잘하려면 유대인들처럼
78 : 22의 법칙

"유대인들은 이 원칙만 잘 알고 있으면 결코 실패하지 않는다는 믿음을 가지고 있소. 이 원칙 속에 하느님이 세상을 창조한 비밀이 숨어 있다고 생각하기 때문이오."

유대인들의 성공에는 특별한 법칙이 하나 숨어 있다고 한다. 인간이 아무리 발버둥 친다고 해도 쉽게 헤어날 수 없는 우주의 법칙이라고 불리는 이 법칙은 바로 78:22, 즉 7:3의 법칙이다.

그렇다면 유대인들이 말하는 7:3의 법칙이란 무엇일까? 우선 눈을 돌려 우리가 살고 있는 땅과 바다를 한번 보자. 지구는 70퍼센트의 물과 30퍼센트의 땅으로 구성되어 있다. 또한 공기는 70퍼센트의 질소와 30퍼센트의 산소로 구성되어 있다. 놀랍지 않은가? 이 지구를 구성하는 땅과 물, 그리고 공기가

  7:3의 법칙에 딱 맞아떨어진다는 것이다. 7:3의 법칙은 사물의 구성 원리에도 적용된다. 정사각형의 면적을 100이라고 가정했을 때 그 정사각형과 내접하는 원의 면적은 대략 70이고 나머지 면적은 30이다. 우리 주변의 정사각형과 원으로 구성된 모든 사물에 바로 이 7:3의 법칙이 적용된다.

  유대인들은 자신들의 일에도 7:3의 법칙을 적용한다고 한다. 유대인 출신으로 세계적인 금융 가문을 이룬 로스차일드 가문이 금융업을 선택한 이유도 바로 7:3의 법칙이라는 이야기가 있을 정도다. 세상에 돈을 빌려주고 싶은 사람이 70퍼센트라면 그 돈을 빌려 쓰고 싶은 사람이 30퍼센트라는 점 때문이다.

  유능한 세일즈맨이라면 7:3의 법칙을 영업의 비법으로 활용해도 좋을 것이다. 그 7:3은 바로 고객과의 대화에서 필요한 적절한 커뮤니케이션 비율이라고 할 수 있다. 지나치게 의욕적인 세일즈맨들은 고객들에게 너무 많은 것을 설명하려고 한다. 그러나 유능한 세일즈맨들은 30퍼센트만 말한다. 나머지 70퍼센트는 고객이 주도권을 갖고 물어보거나 대답하도록 한다. 좋은 세일즈맨이란 말 잘하는 사람이 아니라 잘 듣는 사람이다. 설득이란 결코 말을 많이 하거나 말을 잘한다고 해서 되는 일이 아니다.

• 비즈니스 상식

노드스트롬 백화점의 한 줄짜리 매뉴얼

노드스트롬 백화점의 경영진은 직원들에게 200페이지에 달하는 고객 응대 서비스 매뉴얼을 배포하는 것이 아무 소용 없다는 사실을 깨달았다. 서비스의 의무, 상황별 대응 방안 등이 나열된 두껍고 무거운 규정집은 일단 책장에 꽂히고 나면 아무도 펼쳐보지 않는 애물단지가 될 뿐이라는 점을 간파한 것이다.

노드스트롬 백화점은 두꺼운 규정집 대신 모든 고객 응대 서비스의 목표를 단 한 문장으로 압축하여 전 직원에게 알렸다. 그 문장은 바로 이런 것이었다.
"어떤 상황에서든 친절한 쪽으로 판단을 내려라."

수백 페이지짜리 규정집에 들어 있는 내용을 압축한 것과 마찬가지였다. 이 한 문장 덕분에 노드스트롬 백화점은 다른 백화점들을 제치고 성장을 거듭할 수 있었다. 현장 종업원들의 자율적인 판단을 신뢰한다고 하는 쉽지 않은 결정을 내림으로써 거의 모든 고객을 단골로 만드는 놀라운 성과를 거둔 것이다.

중고차 팔 때는 고물차부터 보여줘라
대조 효과

"결혼식 때 입을 정장 한 벌과 넥타이, 벨트를 사려고 합니다. 좀 볼 수 있을까요?"

결혼식을 앞둔 한 남성이 남성복 코너를 찾았다. 당신이 판매원이라면 어떤 상품부터 보여줘야 할까?

정답은 정장이다. 결코 넥타이나 벨트를 먼저 보여줘서는 안 된다. 고객들이 느끼는 '대조 효과' 때문이다. 대조 효과란 비교가 되는 두 사물을 차례로 인식할 때 그 사물 사이에 차이가 있으면 원래보다 그 차이를 훨씬 더 크게 느낀다는 것이다.

가벼운 물건을 든 다음 무거운 물건을 들어보라. 처음부터 무거운 물건을 들었을 때보다 훨씬 무겁게 느껴진다. 반대로 무거운 물건을 먼저 들고 가벼운 물건을 들었다면 가벼운 물건이 더욱 가볍게 느껴질 것이다.

차가운 날씨에 밖에 있다가 집 안으로 들어오면 실제 온도보다 훨씬 따뜻하게 느껴지는 것도 마찬가지 원리다.

정장과 액세서리를 찾는 고객에게 정장을 먼저 보여줘야 하는 이유는 코디네이션의 문제 때문이 아니다. 가격적인 요인 때문이다.

50만 원짜리 양복을 결정하고 난 고객에게는 넥타이가 3만 원이든 5만 원이든 별로 비싸게 느껴지지 않는다. 그러다 보니 가격에 대한 저항감 없이 조금 비싼 넥타이라도 쉽게 결정할 수 있게 된다. 반대로 3만 원짜리 넥타이를 어렵사리 고르고 나서 정장 코너로 가게 되면 20만 원짜리 정장이라도 너무 비싸다는 느낌을 갖게 된다.

대조 효과는 다양한 영업 분야에서 의외로 많이 활용되고 있다.

"중고차를 한 대 살까 하는데요."

중고차를 판매하려면 상태가 좋은 차부터 보여줘서는 절대 안 된다. 일단 폐차 일보 직전이라고 생각될 정도로 낡은 고물 자동차부터 보여줘라.

"이런 자동차가 과연 제대로 굴러가기는 하는 겁니까?"

"글쎄요, 굴러가긴 하겠죠?"

그런 자동차가 눈에 익었다면 이제 평범한 보통 자동차를 한 대 보여주면 상황 끝이다. 자동차를 고르던 고객은 아마 더 이상 좋은 선택을 할 수 없을 정도로 훌륭한 자동차라고 여기고 당장 구매에 나설 것이다.

부동산의 경우도 마찬가지다. 집이나 사무실, 가게를 구하기 위해 부동산을 방문한 고객이 있다면 도저히 살고 싶거나 일하고 싶은 생각이 들지 않을 만한 집이나 사무실을 먼저 보여주는 것이 순서다.

그러고 나서 고객들의 마음이 한껏 가라앉아 있을 때 그야말로 평범한 보통 수준의 집이나 사무실을 보여줘라. 아마도 고객은 고급 호텔 못지않게 만족스러운 기분을 갖게 될 것이다.

명품 백만 봐도 가슴이 콩닥콩닥
스탕달 신드롬

"숨이 가빠지고 거칠어지며 곧 죽을 것 같은 서글픈 느낌에 의식을 잃어 쓰러질 것 같았다오."

소설 《적과 흑》으로 유명한 프랑스의 작가 스탕달은 자신의 책 《나폴리와 피렌체 : 밀라노에서 레조까지의 여행》에서 산타크로체 성당을 나서는 순간의 감정을 이렇게 묘사하고 있다.

　이탈리아 피렌체에 있는 산타크로체 성당은 수많은 미술가들의 작품이 가득한 곳이다. 서양 회화 예술의 아버지로 불리는 지오토 디 본도네 Giotto di Bondone가 그린 프레스코화는 물론 미켈란젤로를 비롯한 명사들의 무덤까지 예술가들의 흔적을 피부로 느껴볼 수 있는 공간이다.

　성당 안에 가득한 뛰어난 미술품에 스탕달은 정신을 잃을 정도의 감명을 받은 것이다. 스탕달은 성당 밖으로 나와 빈 벤치에 앉아 시를 읽으며 간신히 마음의 평정을 찾았다고 한다.

　실제로 이탈리아의 피렌체는 전 세계에서 고전 미술품을 가장 많이 보유하고 있는 도시로 손꼽히는데, 이 도시를 찾은 관광객들 중에는 이러한 뛰어난 예술품을 보고 감동을 받아 정신이 혼미해져 쓰러질 것 같은 충격을 받은 사람들이 많았다고 한다.

심리학자들은 이렇게 감수성이 예민한 사람들이 뛰어난 예술품을 감상한 후 흥분된 감정을 갖게 되는 현상을 작가 스탕달의 경험에 비추어 '스탕달 신드롬'이라고 부르고 있다.

스탕달 신드롬은 비단 예술 작품을 통한 경험에서 비롯되는 것만은 아니다. 기존 고전문화나 예술이 전해주던 심미적 가치를 이제는 대중문화와 소비를 통해서도 느낄 수 있게 됐다.

요즘 예술품을 감상하고 쓰러지는 사람은 거의 없지만 공연장에서 유명한 대중가수의 노래를 듣고 쓰러지거나 유명한 영화배우를 보고 쓰러지는 사람들은 종종 있다.

쓰러지는 정도는 아니더라도 백화점 진열장 앞에서 훌륭한 상품을 보고 감탄사를 내지르면서 감동하는 쇼핑객들은 얼마든지 볼 수 있다. 고객의 가슴을 흔들 정도의 상품이라면 고객을 만족시키지 못할 리 없다.

잊히지 않으려면 미련을 남겨라
자이가르닉 효과

1927년 러시아의 심리학자 블루마 자이가르닉 Bluma W. Zeigarnik 교수는 138명의 아이들을 두 조로 나누어 퍼즐 맞추기 실험을 실시했다.

한 조의 아이들에게는 퍼즐을 끝까지 맞추도록 했고, 다른 조의 아이들은 퍼즐을 완성하지 못한 상태에서 끝내도록 했다.

"자, 퍼즐에 나타난 그림을 한번 기억해볼래?"

실험 결과 퍼즐을 완전히 마무리한 집단의 아이들은 퍼즐의 그림을 잘 기억하지 못한 반면, 퍼즐을 완성하지 못한 집단의 아이들은 그 그림을 잘 기억하고 있었다. 왜 그런 현상이 벌어진 것일까?

자이가르닉 교수는 "이미 끝낸 일은 일을 끝내고자 하는 욕구를 이미 만족시켰기 때문에 쉽게 잊어버리지만, 끝내지 못한 일은 충족되지 않은 동기로 인해 강한 인상이 남게 된다"고 생각했다. 이렇게 아직 완료되지 않은 일에 대해서 더 또렷한 기억을 갖게 되는 현상을 '자이가르닉 효과'라고 한다.

인간은 어떤 일을 완전히 매듭지었느냐 매듭짓지 않았느냐에 따라서 긴장도와 기억의 정도가 크게 달라진다고 한다. 완전히 매듭지었다고 생각하는 일은 쉽게 잊는다. 더 이상 기억하지 않아도 되므로 기억에서 편안히 놔버리거나 지워버리는 것이다. 마치 시스템 다이어리에서 완수된 일을 지워버리는 것과 비슷하다.

이루어지지 못한 사랑은 가슴에 오래 남고, 끝까지 다 보지 못한 영화나 드라마에 대한 기억이 언제나 머릿속에 또렷이 남아 있다.

이러한 효과는 설득 작업에도 유용하다. 고객에게 뭔가 강력한 기억을 남기고 싶다면 모두 다 말하지 말고 여운을 남기면서 이야기를 끝내는 것이 좋다. 그러면 뭔가 더 있을 것 같은 기대감과 함께 아직 마무리되지 않은 일이라고 생각하기 때문에 고객들의 기억에 더 오래 남을 수 있다.

TV 드라마를 보면 항상 주인공에게 닥친 상황이 종료되지 않은 채로 끝난다. 그렇기 때문에 좀 더 기대감을 갖고 드라마에 대해서도 오래 기억하게 되는 것이다.

상대가 이야기를 또 듣고 싶게 만들어라. 그렇게만 만들어도 영업의 절반은 끝낸 셈이다.

비즈니스 3단계
marketing

소비자의 마음을 파고드는 마케팅 법칙

마케팅에는 정답이 없다고 한다.
시장이나 소비자가 늘 예측한 대로 움직이지는 않기 때문이다.
바야흐로 니즈needs가 아닌 원츠wants의 시대, 마케팅의 중요성은 새삼 강조할
필요 없이 크다. 그러나 시장의 동향과 소비자의 마음은 여전히 알쏭달쏭하기만 하다.
여기, 막막하고 혼란스러운 마케팅 바다에서 당신의 부표가 되어줄 법칙들을 소개한다.
이 법칙들을 응용해 어떤 파도에도 휩쓸리지 않는 튼튼한 마케팅 전략을 세워보자.

TV만 봤을 뿐인데 왜 이리 식욕이 당길까? **서브리미널 효과**
스타벅스 커피 마시고 뉴요커가 되어보세요 **파노플리 효과**
상품이 안 팔리면 가격을 올려라 **베블런 효과**
한 가지 잘 팔리면 시리즈로 팔아라 **디드로 효과**
20이 80보다 훨씬 크다? **파레토 법칙**
비인기 상품의 서러움, 이제 안녕! **롱테일 법칙**
노스페이스는 어떻게 중고생 교복이 됐을까? **밴드왜건 효과**
남들 다 사는 물건은 절대 안 사! **스놉 효과**
본전 생각, 빨리 잊는 게 상책! **콩코드 오류**
어느 날 갑자기 대박 터지는 이유 **티핑포인트 법칙**

Episode

우리 집 치킨은
정말 행복해요!

"제가 기른 닭들은 다른 닭들보다 행복합니다. 다른 닭들보다 더 잘 먹고 주거 환경도 자연 친화적이기 때문이죠. 닭장에 갇혀 있지 않고 맘껏 들판을 뛰어다니면서 자라고 있습니다."

미국의 대형 닭고기 공급업체인 퍼듀팜은 평범함을 특별함으로 바꾼 독특한 마케팅의 성공 사례로 손꼽힌다. 마케팅의 아버지로 불리는 필립 코틀러 Philip Kotler가 자신이 경험한 가장 극적인 마케팅 사례의 하나로 손꼽았을 정도다.

공산품이나 서비스 상품과 달리 닭고기 같은 농수산품은 광고나 마케팅을 통해서 그 품질을 증명하기가 무척 어렵다. 하지만 프랭크 퍼듀는 자신의 닭들이 특별하다고, 정말 특별하다고 주장했다. 그 특별함이란 바로 '행복'이었다.

이와 함께 프랭크 퍼듀는 20년 동안 200개 이상의 광고에 직접 출연해 "퍼듀팜의 닭고기는 절대 얼리지 않는다"고 강조하며 경쟁사의 냉동 닭고기가 얼마나 질기고 맛없는지를 보여주기도 했다.

실제로 퍼듀팜은 그런 논리를 앞세워 경쟁사의 닭보다 10~50퍼센트까지 더 비싼 가격에 판매했지만 소비자들은 기꺼이 더 많은 돈을 지불하고 퍼듀팜의 닭고기를 구매했다. 퍼듀팜이 미국 최대의 닭고기 공급업체로 성장했음은 물론이다.

얼마 전 한 대형 마트의 '통큰치킨' 판매로 치킨 시장이 한바탕 홍역을 치른 일을 모두가 기억할 것이다. 프랜차이즈 치킨집의 원가 비교에서부터 동네 치킨집의 특별한 서비스까지 한동안 수많은 치킨 이야기가 언론을 장식했다. 하지만 아쉽게도 가격 이야기에 묻혀 치킨 품질에 대해서는 거의 언급이 되지 않았다.

만약 퍼듀팜의 전 CEO였던 프랭크 퍼듀가 그런 상황을 겪었다면 자신이 기르는 닭을 TV 앞으로 끌고 나와서 특별하다는 것을 증명하려고 했을지도 모르겠다.

TV만 봤을 뿐인데 왜 이리 식욕이 당길까?
서브리미널 효과

1957년 미국 뉴저지 주의 한 영화관. 그곳에서는 '피크닉'이라는 제목의 영화가 상영 중이었다. 관객들은 영화 감상에 푹 빠져 상영 중에 무슨 일이 일어났는지 눈치 채지 못했다.

소비자 구매 동기 조사의 전문가인 제임스 비카리James. M. Vicary는 관객들을 대상으로 조심스럽게 특별한 실험을 하나 실시하고 있었다. 타키스토스코프tachistoscope라는 특별 장치를 이용해서 영화 상영 중간에 메시지를 살짝 끼워 넣었던 것이다. 그 시간은 3,000분의 1초에 불과했다.

영화 중간에 삽입된 메시지는 다음과 같았다.

"코카콜라를 마셔."

"배고파? 팝콘을 먹어."

물론 관객들은 그 사실을 알아채지 못했다. 3,000분의 1초라는 시간은 눈을 한 번 깜빡거리는 시간보다도 짧다. 영화가 모두 끝나고 엔딩 크레디트가 올라가자 사람들은 자리에서 일어났다.

그리고 극장 내 매점은 사람들로 북적거렸으며, 곧이어 주목할 만한 현상이 나타났다. 콜라와 팝콘 두 가지 상품의 판매량이 늘어난 것이다. 이 조사는 모두 4만 5,699명의 관객을 대상으로 실시됐으며 팝콘이 57.8퍼센트, 콜라는 18.1퍼센트 판매량이 증가한 것으로 나타났다.

이 실험을 실시한 비카리는 관객들이 영화 중간에 삽입된 메시지를 눈으로 보지는 못했지만, 찰나와도 같았던 짧은 순간 동안 잠재의식 속을 파고 들어간 메시지가 그들의 행동에 직접적으로 영향을 미쳤다고 주장했다.

이렇게 무의식적인 약한 자극이 잠재의식 속에 기억되어 인간의 감정이나 행동에 영향을 미치는 것을 '서브리미널 효과Subliminal Effect'라고 한다. 리미널liminal이란 심리 용어로 '자극에 대하여 반응이 일어나기 시작하는 지점'을 의미하고, 서브리미널은 바로 그 점 아래, 즉 일상적인 의식의 경계선 아래라는 뜻이다.

만약 비카리의 주장이 사실이라면 서브리미널 효과는 충격적인 발견이 아닐 수 없다. TV 프로그램에 서브리미널 효과가 사용된다면 매일 밤 시청자들은 드라마나 쇼 프로그램을 재미있게 보고 나서 마치 약속이나 한 듯이 맥주나 라면, 또는 과자를 사기 위해 가게로 달려갈지도 모른다. 인간이 미디어에 의해 멋대로 조종당하는 끔찍한 상황이 벌어질 수 있는 것이다.

실제로 이 같은 비카리의 실험 결과는 미국 사회에 엄청난 파장을 몰고 왔다. 미 연방의회와 연방통신위원회에서는 서브리미널 효과에 대한 부작용을 우려해 잠재의식을 이용한 광고를 규제하는 조치를 단행했다. 우리나라에서도 방송광고심의에 관한 규정을 통해 시청자가 의식할 수 없는 음향이나 화면으로 잠재의식에 호소하는 방법을 사용하는 것을 금지하고 있다.

하지만 일명 '코카콜라 실험'으로 불리는 이 실험은 논란의 여지를 남겨두고 있다. 일반적인 실험에서 요구되는 기본적인 기준조차 충족시키지 못한 주먹구구식 실험이었다는 점 때문이다.

영화 속에 삽입한 메시지의 효과가 아니더라도 영화 내용에 따라 영화관 안 매점의 판매 현상은 얼마든지 달라질 수 있다. 음식을 먹는 장면이 나온다거나 맛있는 요리를 소재로 한 영화를 보고 나면 아마 그날 극장 매점의 매출도 오를 것이다. 그렇다면 당연히 영화의 종류에 따른 판매량의 변화도 함께 제시해야 한다.

또 음료의 경우 계절적인 영향을 많이 타는 상품이다. 봄철에는 잘 팔리지 않던 청량음료가 초여름에 들어서면서부터 불티나게 팔려나갈 수도 있다. 당연히 계절적인 변수도 고려돼야 한다.

하지만 이 실험에서는 이러한 요인들이 전혀 고려되지 않은 것으로 나타났다. 영화 내용에 따른 비교를 제시한다거나 계절별 또는 시기별, 연령별 비교조차 이루어지지 않았다. 실험이 제대로 이루어졌는지 확인한 사람도 없었다. 또 당시의 기술로 3,000분의 1초의 짧은 시간에 메시지를 삽입한다는 것이 불가능했다는 주장도 있다. 이 유명한 실험에 근거가 될 만한 논문이나 보고서도 존재하지 않았으며, 정식으로 학계에 보고된 적도 없다는 점이 여전히 미스터리다.

그렇다면 어떻게 이 실험 결과가 그토록 폭넓게 확산되어 미국은 물론 전 세계 사람들에게 받아들여지게 된 것일까? 논문이나 저널 등을 통한 발표가 아니라 비카리 자신이 내뱉은 말이 정확한 사실인 양 포장되어 신문과 잡지에 소개되고, 또 거기에 새로운 사실들이 덧붙여져 입소문으로 퍼져나간 것으로 보고 있다.

비카리의 실험이 근거 없는 해프닝으로 받아들여지는 추세지만 서브리미널 효과까지 완전히 사라진 것은 아니다. 3,000분의 1초처럼 아주 짧은 시간은 아니더라도 사람들은 일상생활에서 무수한 잠재의식 효과를 경험하고 있다.

백화점은 매장별 또는 시간대별로 각기 다른 배경음악을 들려줌으로써 소비자들의 잠재의식을 자극하고 있다. 차분한 클래식 음악을 틀어 고객의 매장 체류 시간을 늘리고, 혼잡한 시간대에는 템포가 빠른 음악으로 고객의 회전율을 높이는 식이다.

　우리는 PPL^{Product in Placement} 광고라는 형식으로 영화나 드라마 속에서 무수한 상품을 접한다. 주인공이 차고 있는 시계, 신고 있는 신발, 드라마의 배경으로 등장한 가구나 주방용품 등에 무의식적으로 노출되면서 자신도 모르게 해당 상품에 대해 호감을 느끼게 되는 것이다.

　최근 각광받고 있는 뉴로마케팅^{Neuromarketing} 역시 인간의 무의식적 반응과 같은 두뇌 활동을 분석해 마케팅에 접목시키는 것으로, 잠재의식 효과를 기대하는 마케팅 활동이라고 할 수 있다.

● **비즈니스 상식** ●

효과적인 마케팅을 위한 4P

효과적인 마케팅을 위한 네 가지 요소로 4P를 든다. 4P란 상품^{Product}, 가격^{Price}, 유통 경로^{Place}, 프로모션^{Promotion}을 가리킨다. 마케팅의 4P는 전적으로 기업 관점에서 접근한 방식이지만 소비자 관점에서 해석한 사람도 있다. 현대 마케팅의 대부로 불리는 필립 코틀러는 마케팅의 4P를 4C로 새롭게 해석했다. 소비자 혜택^{Customer Benefit=Product}, 소비자 부담 비용^{Cost to Customer=Price}, 편리성^{Convenience=Place}, 커뮤니케이션^{Communication=Promotion}이 바로 그것이다.

스타벅스 커피 마시고 뉴요커가 되어보세요
파노플리 효과

"오빠, 나랑 병원놀이 해."

아이들이 재미있게 가지고 노는 장난감 가운데 병원놀이 세트가 있다. 그 안에는 플라스틱으로 된 청진기와 주사기, 체온계 등 다양한 병원놀이 장난감들이 들어 있다.

오빠는 의사가 되고 여동생은 간호사가 되어 엄마나 아빠를 치료해주면서 놀기도 한다. 아이들은 병원놀이 장난감 세트를 갖고 놀면서 마치 자신들이 의사나 간호사가 된 듯한 기분을 느끼는 것이다.

그런 기분은 어른이 됐다고 해서 크게 달라지지 않는다. 사람들은 테이크아웃 스타벅스 커피를 들고 거리를 활보하면서 자신이 뉴요커가 된 듯한 기분을 느껴보기도 하고, 루이뷔통 명품 가방을 들고서 상류층에 속한 사람이라는 기분에 빠지기도 한다. 마치 어린 시절 병원놀이 세트를 가지고 놀면서 의사가 된 기분을 느꼈던 것처럼 말이다.

대중문화와 미디어, 소비사회에 대한 이론으로 유명한 프랑스의 철학자이자 사회학자인 장 보드리야르Jean Baudrillard는 특정 상품을 소비함으로써 자신이 그 특정 계층에 속한다는 사실을 과시하는 것을 '파노플리 효과Effect de Panoplie'라고 불렀다.

파노플리란 프랑스어로 '세트'라는 의미다. 의사놀이 세트나 경찰관 장난감 세트 같은 물건이 잠시 다른 사람이 된 듯한 착각을 일으

키게 해주는 현상을 말한다.

   파노플리 효과가 적용되는 대표적인 상품이 바로 명품이나 사치품이다. 사람들은 특정 상품을 사용할 때 그 상품이 제공하는 기능적인 가치보다 상징적인 가치에 더 많은 관심을 기울인다. 기능성이 뛰어난 저가의 화장품보다 유명한 영화배우가 모델로 등장해서 고급스러운 분위기를 풍기는 화장품에 더 매력을 느끼는 것도 바로 그 때문이다.

엄밀히 말해서 소비자들은 상품의 기능을 구매하는 것이 아니라 특정 브랜드가 제공하는 이미지와 환상을 구매한다. 그렇기 때문에 화장품이나 보석, 고급 의류 등을 판매하는 회사에서는 해당 상품에 아름다움과 고급스러움 등의 이미지를 입혀 파노플리 효과를 극대화하고자 하는 것이다.

의사놀이 세트를 가지고 논다고 해서 의사가 될 수 없듯이 명품 가방을 들고 다닌다고 해서 명품 인생을 사는 것은 아니다. 하지만 "이렇게 뛰어난 기능을 가진 제품을 소비자들이 왜 알아주지 않느냐"고 하소연하는 마케터들이 있다면, 파노플리 효과를 주목해볼 필요가 있다.

상품이 안 팔리면 가격을 올려라?
베블런 효과

"가게 밖에다 50퍼센트 가격 할인한다고 써서 붙여놓으렴."

평소 세일이라고는 모르고 지내던 명품 의류 전문점 사장이 하도 옷이 팔리지 않자 종업원을 시켜 가격 안내 문구를 내걸도록 했다. 하지만 사장의 말을 제대로 알아듣지 못한 종업원은 엉뚱하게도 '50퍼센트 인상'이라고 적었다. 그랬더니 뜻밖에도 안 팔리던 옷들이 날개 돋친 듯 팔려나가기 시작했다.

"도대체 어떻게 된 거지?"

이렇게 말도 안 되는 수요의 법칙을 새롭게 해석한 사람은 미국의 경제학자 소스타인 베블런Thorstein Bunde Veblen이다. 베블런은 사치품들에 대한 가격과 수요의 관계를 검토하던 중 재미있는 현상을 발견했다.

일반적인 다른 상품들과 달리 사치품의 경우 가격이 높을수록 수요가 더 발생하는 현상이 나타난 것이다. 이렇게 가격이 높을수록 수요가 늘어나는 현상을 그의 이름을 따서 '베블런 효과'라고 한다. 대부분의 사치품이나 명품 회사들이 베블런 효과를 노린 가격 정책을 펼치고 있다.

그렇다면 베블런 효과가 나타나는 이유는 무엇일까? 사람들은 다른 사람들과 구분되는 무엇인가를 통해서 자신이 남들보다 높은 지위에 있다는 것을 드러내고 싶어 한다.

옛날 상류층 사람들은 은밀한 방법으로 자신의 지위를 드러내려고 했다. 오페라나 발레 또는 고전음악 감상 같은 고급 예술에 대한 안목이나, 집안의 전통이나 예의범절 등 다른 계급 사람들은 쉽게 접근할 수 없는 지식을 통해서 스스로를 구별 지으려고 했다.

이런 행동들을 이른바 '보이지 않는 잉크 전략Invisible Ink Strategy'이라고 부른다. 눈에 띄지 않게 간접적으로 자신의 지위나 신분을 드러내는 방법이다.

하지만 과거와 달리 인간관계의 폭이 훨씬 넓어지고 익명성이 커진 현대사회에서는 그렇게 소극적인 방법만으로 자신의 지위를 드러내기가 무척 어려워졌다.

"내가 부자라고 얼굴에다 써 붙이고 다닐 수도 없고. 고민되네."

가장 손쉽게 자신을 드러낼 수 있는 방법이 바로 사치품을 소유하는 것이다. 값이 무척 비싸서 아무나 쉽게 살 수 없는 물건을 가짐으로써 자신이 상류층임을 드러내 보이는 방법이다.

이처럼 현대인들은 복잡하고 어려운 '보이지 않는 잉크' 대신 명품이나 사치품처럼 손쉽게 가질 수 있는 '보이는 잉크'를 통해 과시와 구별의 문제를 해결하려는 경향을 가지고 있다.

보통 시장에서는 돼지고기 가격이 오르면 삼겹살 소비가 줄어들고 닭고기 가격이 오르면 프라이드치킨의 소비가 줄어드는 '수요의 법칙'이 통한다. 하지만 명품 시장은 이러한 전통적인 수요의 법칙이 통하지 않는 '무풍지대'다. 이러한 인간의 소비 심리를 감안한다면 안 팔린다고 무조건 가격부터 내리고 볼 일만은 아니다.

한 가지 잘 팔리면 시리즈로 팔아라
디드로 효과

18세기 프랑스의 계몽사상가 드니 디드로^{Denis Diderot}는 당대의 지성인 볼테르나 루소 등의 경제적 도움을 받으며 청빈하게 살고 있었다. 그러던 어느 날 디드로는 한 친구에게 아름다운 진홍색 침실 가운을 선물로 받았다.

"오! 나에게 이렇게 과분한 선물이라니!"

평소 검소한 생활을 해오던 디드로에게는 가운 하나도 과분한 것이었다. 하지만 선물받은 가운을 입고 서재에 앉으니 마음이 달라졌다.

"지금까지 사용하던 이 낡고 초라한 책상이 새 가운하고는 격이 맞지 않아."

디드로는 새 가운에 맞춰 책상을 새것으로 바꾸었다. 하지만 거기서 끝나지 않았다. 책상을 바꾸고 나니 또 의자가 마음에 걸려 바꿨고, 의자를 바꾸고 나서도 책장, 시계, 심지어 벽걸이 장식까지 멀쩡한 서재의 물건들을 하나씩 새것으로 바꿔갔다. 결국 그 방에서 바꾸지 않은 것은 단 하나, 그 방의 주인인 자신밖에 없었다.

디드로는 정신을 차리고 후회를 했지만 소용이 없었다. 그는 '나의 옛 실내복과 헤어진 것에 대한 유감'이라는 제목의 에세이에서 자신의 그릇된 욕망을 자책하고 있다.

새로운 물건을 갖게 되면 그것을 둘러싼 다른 물건도 그것과 어울리는 것으로 바꾸고 싶어지는데, 이렇게 연쇄적으로 욕망이 이어지는 심리 작용을 '디드로 효과'라고 한다. 전세로 살다가 새 집을 사서 이사하면서 멀쩡한 거실 소파와 진열장, 티테이블과 침대, 책장 등을 다 버리고 새 집에 맞게 바꾸는 것도 디드로 효과 때문이라고 할 수 있다.

디드로 효과는 사람이 자신을 둘러싼 것들의 일관된 수준을 추구하고 싶어 하는 욕망을 일컫는 말이기도 하다. 제품을 개발할 때 한 가지만 팔지 말고 관련 제품들을 시리즈로 만들어서 팔거나 부대상품인 액세서리들을 함께 판매하는 것도 바로 이러한 디드로 효과를 마케팅에 응용한 것이라고 할 수 있다.

아이폰은 제품도 제품이지만 수많은 관련 액세서리들이 사용자들을 끝없이 유혹한다. 형형색색의 폰 케이스에서부터 보호 필름, 전용 케이블, 전용 프로젝터, 독 스피커에 이르기까지 방대하다.

스마트폰 하나만 사면 끝날 줄 알았는데 이것저것 구입하다보니 스마트폰 가격을 넘어서게 생겼다고 울상을 짓는 사람들도 있다. 디드로는 이미 200여 년 전에 그런 경험을 했다.

20이 80보다 훨씬 크다?
파레토 법칙

"놀라운 사실이야. 소득의 불균형에도 어떤 일정한 규칙이 있어. 다른 나라를 대상으로도 한번 연구를 해봐야겠군."

19세기 말 이탈리아의 경제학자인 빌프레도 파레토 Vilfredo Pareto는 영국의 부와 소득의 유형을 조사하던 중 특이한 현상을 하나 발견했다. 그것은 소수의 국민이 그 나라 소득의 대부분을 벌어들이고 있다는 사실이었다. 소득의 불균형은 어느 사회에서나 존재할 수 있는 문제로 단순히 몇몇 사람들이 돈을 많이 벌었다는 이유로 호들갑을 떨 필요는 없었을 것이다.

하지만 파레토를 놀라게 한 사실은 따로 있었다. 소득의 불균형 그 자체가 아니라 불균형에도 일정한 패턴이 있다는 점을 발견한 것이었다.

인구의 비중과 그들이 소유한 부 또는 소득 사이에 일관된 비율이 유지되고 있었다. 구체적으로 보면 전체 인구의 5퍼센트가 부의 50퍼센트를 차지했고, 10퍼센트가 65퍼센트의 부를, 그리고 20퍼센트가 80퍼센트의 부를 차지하고 있는 것으로 나타났다.

파레토를 흥분시킨 또 하나의 사실은 그러한 패턴이 영국이나 이탈리아에만 해당되는 일이 아니라는 것이었다.

"어느 나라나 어떤 사회에 그 비율을 대입해봐도 놀랄 만큼 정확하게 맞아떨어지고 있다고!"

이것이 바로 현대의 기업 경영에서 주목받고 있는 80:20 법칙, 즉 '파레토 법칙'이다. 파레토 법칙이 기업 경영에서 주목을 받은 이유는 자원의 효율적인 활용에 대한 대안을 제시했기 때문이다.

기업은 한정된 자원을 가지고 최대한의 수익을 올려야 하는 숙명을 가지고 있다. 한정된 자원을 모든 기업 활동에 똑같은 비중으로 투입하기 어렵다면 가능성 있는 분야에 집중적으로 투입하는 '선택과 집중' 전략이 필요하다.

파레토 법칙에 따르면 잘 팔리는 상품 20퍼센트가 전체 매출액의 80퍼센트를 차지하고 있다. 그 20퍼센트의 잘나가는 상품에 마케팅을 집중하면 전체 매출액의 80퍼센트를 관리하는 것과 같은 효과를 거둘 수 있게 되는 것이다.

파레토의 80:20 법칙을 가장 먼저 활용해서 성공을 거둔 대표적인 기업이 바로 IBM이다. IBM은 컴퓨터 운영코드 가운데 전체 사용 시간의 80퍼센트를 차지하는 운영코드가 전체 운영코드의 20퍼센트를 차지하고 있다는 사실을 발견했다. 따라서 가장 많이 사용하는 20퍼센트의 운영코드를 쉽고 편리하게 다룰 수 있도록 개선함으로써 경쟁 회사의 컴퓨터보다 더욱 다양하게 응용할 수 있으면서 효율적이 되도록 했다.

파레토 법칙은 기업의 품질 혁명에도 큰 영향을 미쳤다. 생산 현장에서 발생하는 불량품 20퍼센트가 전체 손실의 80퍼센트를 가져온다는 것을 알았기 때문에 문제가 되는 20퍼센트를 찾아내 집중적으로 개선함으로써 전체 손실의 80퍼센트를 줄일 수 있게 됐다.

파레토가 세상을 떠난 지 거의 90년이 지났지만 지금도 현대사회의 여러 부분에는 여전히 파레토 법칙이 존재하고 있으며, 경제나 경영 이외의 세상 모든 분야에 이 법칙을 적용시켜도 척척 들어맞는 것이 신기할 정도다.

조직 사회에서도 파레토 법칙이 통용된다. 아무리 잘 구성된 조직이라고 해도 모든 직원이 똑같이 열심히 일하지는 않는다. 죽어라 일하는 20퍼센트의 직원이 회사 전체 업무의 80퍼센트를 처리한다.

일상생활에서도 마찬가지다. 옷장 속에 열 벌의 옷이 있다면 아마 그중 두 벌을 입는 날이 80퍼센트에 달할 것이다. 심지어 20퍼센트의 교통 위반자가 전체 교통 위반 건수의 80퍼센트를 위반한다는 통계도 있을 정도다.

파레토 법칙은 고객 관리에도 유용하게 활용되고 있다. 20퍼센트의 고객이 80퍼센트의 매출을 올려주기 때문에 20퍼센트의 고객을 특별히 관리하는 것만으로도 자연스럽게 매출 향상 효과를 기대할 수 있다. VIP 고객이니 프리미엄 고객이니 하면서 우수 고객을 차별 대우하는 이유도 바로 여기에 있다.

● 비즈니스 상식 ●

브랜드라는 단어의 유래

브랜드brand는 '태우다'라는 의미의 옛 노르웨이어인 'brandr'에서 유래했다. 옛날에 가축을 키우는 사람들이 불에 달군 쇠로 털을 태워 가축의 몸에 표시해서 자신의 소유임을 나타낸 것이 브랜드의 시초다.

그러나 브랜드의 개념이 사용된 것은 그보다 훨씬 이전의 일이다. 고대의 수공업자들이 자신이 만든 상품을 쉽게 알아볼 수 있도록 하기 위해 표시를 한 것에서 그 기원을 찾을 수 있다. 기원전 1300년에 만들어진 중국의 자기나 고대 그리스의 항아리에서도 이런 브랜드의 흔적을 찾을 수 있다. 도자기의 밑면이나 옆면에 만든 사람의 이름을 적어둔 것이 바로 브랜드의 시초라고 할 수 있다.

비인기 상품의 서러움, 이제 안녕!
롱테일 법칙

"제가 재미있는 문제를 하나 내볼까요?"

2004년 1월 디지털 주크박스 업체인 이캐스트의 CEO 로비 반 아디베Robbie Vann-Adibe는 IT 잡지인 〈와이어드Wired〉의 편집장 크리스 앤더슨Chris Anderson을 만난 자리에서 흥미로운 질문을 하나 던졌다. 이캐스트는 아이튠즈처럼 CD 대신 음악 파일을 다운로드 형식으로 판매하는 사이트였다.

"주크박스에 있는 1만 종의 앨범 가운데 분기당 한 곡이라도 팔린 앨범이 어느 정도나 될 것 같습니까?"

질문을 받은 크리스 앤더슨은 잠시 80:20 법칙을 떠올렸다. 하지만 음반 시장과 달리 디지털 음원 분야에서만큼은 이 법칙이 통하지 않을 것이라고 생각했다. 그는 나름대로 파격적인 대답을 내놓았다.

"50퍼센트는 되지 않겠어요? 너무 많나요?"

하지만 잠시 후 아디베의 대답을 듣고 나서 앤더슨은 자신의 귀를 의심했다.

"틀렸습니다. 정답은 98퍼센트입니다."

"98퍼센트라고요?"

"예, 98퍼센트에 달하는 앨범이 분기당 한 곡 이상 팔리고 있죠."

앤더슨은 그 일을 계기로 당시 경제 상황에서 일어나고 있는 놀라운 현상에 주목하게 됐다. 즉 과거에는 잘 팔리지 않는 80퍼센트에 해당되어 무시당했던 상품들이 새로운 수익을 창출하고 있는 상황을 발견한 것이다. 그러한 현상에 대한 연구를 시작해 2004년 〈와이어드〉에 '롱테일 long tail'에 대한 기사를 실었다.

롱테일이란 '긴 꼬리'라는 뜻으로, 전통적인 수요곡선의 꼬리 부분이 머리 부분보다 길어져 마치 긴 꼬리처럼 보이게 된 현상을 가리키는 표현이다. 그동안 무시되었던 틈새 상품들이 늘어나 꼬리가 길어지면서 각각의 매출은 적지만 그 상품들의 총합은 히트상품과 맞먹거나 오히려 능가하게 된 현상을 의미한다.

디지털 시대를 맞아 시장을 왜곡시켰던 장애물들이 제거되고 무한한 선택이 가능해지면서 생긴 변화다. 20퍼센트에 해당되는 소수의 히트 상품이 매출액의 80퍼센트를 만들어낸다는 전통적인 80:20의 법칙으로는 더 이상 설명할 수 없는 새로운 현상이 생긴 것이다.

"21세기에는 몇몇 히트 상품이 아니라 롱테일에 속해 있는 무수히 많은 틈새 상품이 수익을 만들어낼 것이기 때문에 과거처럼 히트 상품에만 매달리면 많은 시장 기회를 잃게 될 것이다."

아마존이나 이베이, 인터파크나 예스24 같은 기업이 바로 이러한 롱테일 현상을 보이는 대표적인 기업들이다. 인터넷 서점 아마존에서는 1년에 한두 권 팔릴까 말까 하는 인기 없는 80퍼센트의 책들이 일으키는 매출액이 20퍼센트의 베스트셀러 매출액보다 많다고 한다. 진열 공간이 필요한 오프라인 매장과 다른 온라인 서점은 공간의 제약 없이 모든 제품을 진열할 수 있고, 또 좋은 곳에 진열되지 않아도 얼마든지 팔릴 수 있음을 보여준 것이다.

그동안 주목받지 못했던 80퍼센트의 독특하고 다양한 틈새 상품들이 인터넷 공간에서 소리 없이 약진할 수 있는 긍정적 효과를 기대할 수 있게 된 것이다.

20퍼센트의 머리 부분이 아닌 80퍼센트에 해당하는 긴 꼬리 부분의 중요성이 부각되면서 롱테일 법칙은 '역파레토 법칙'으로 불리기도 했다.

하지만 최근 들어서는 롱테일 법칙에 다시 의문이 제기되고 있다. 인터넷 공간에서도 롱테일 법칙이 둔화되고 파레토 법칙이 다시 힘을 얻는 현상이 나타나고 있기 때문이다.

온라인 쇼핑몰의 경우도 오프라인의 매장 진열대처럼 초기화면이나 좋은 장소에 자주 노출되는 상품 위주로 판매량이 집중되는 현상이 발생하고 있다. 노출 빈도가 낮은 상품의 판매가 줄어들었다기보다 자주 노출되는 상품의 판매가 크게 늘어남으로써 판매 비중에 변화가 온 것이다. 온라인 공간이 오프라인 공간의 특성을 점점 닮아가기 때문에 나타나는 현상이다.

고객 마케팅 측면에서 역시 파레토 법칙이 여전히 힘을 받고 있다. 쇼핑몰 업체들은 전체 회원에 대한 대규모 마케팅을 벌이기보다 매출 비중이 높은 상위 20퍼센트의 우량 단골 고객 위주로 마케팅을 전개하는 경향이 강해지고 있는 것이다.

이러한 마케팅 전략이 지속된다면 아마 크리스 앤더슨이 말했던 롱테일의 모습에도 다소 변화가 생길 가능성이 있다. 온라인과 오프라인의 구분이 점차 희미해질수록 파레토 법칙이 다시 힘을 받게 될 가능성도 있다. 빌프레도 파레토가 무덤 속에서 미소를 지을지도 모르겠다.

노스페이스는 어떻게 중고생 교복이 됐을까?
밴드왜건 효과

"빵빠라 빰……."

"이봐, 저기 악대마차가 지나가는 소리가 들리잖아. 악대마차가 가는 것을 보니 어디서 금광이 발견된 모양이야. 우리도 빨리 따라가 보자고."

미국 서부 개척 시대를 다룬 영화를 보면 요란한 음악을 울리는 악

대마차를 따라 사람들이 줄지어 이동하는 모습을 볼 수 있다. 금광이 발견됐다고 선전하는 소리를 듣고 무작정 따라가는 것이다.

 인터넷은 고사하고 신문이나 TV도 제대로 볼 수 없던 시절, 제대로 된 정보를 얻을 기회가 없는 사람들에게 악대마차의 선전은 유일한 정보원이었던 셈이다. 그렇게 사람들을 이끌고 행진하던 악대마차가 바로 '밴드왜건 band wagon'이다.

 수많은 정보에 둘러싸여 있는데도 불구하고 사람들은 자신의 주관이나 기호와 상관없이 비슷한 또래의 친구들이나 모임에서 구매하는 것을 따라하거나 인기 연예인이 나오는 광고를 보고 구매하는 행동을 보인다. 마치 서부 개척 시대의 밴드왜건을 쫓아가는 것처럼 말이다. 이렇게 남들이 구매하는 것을 무작정 쫓아서 구매하는 현상을 밴드왜건 효과, 즉 편승 효과라고 한다.

소비자들이 가지고 있는 밴드왜건 효과를 학문적으로 처음 주장한 사람은 미국의 경제학자 하비 라이벤스타인Harvey Leibenstein이다. 그는 1950년 발표한 논문 〈Bandwagon, Snob and Veblen Effects in the Theory of Consumers' Demand〉에서 네트워크 효과에 대해 설명하면서 이 용어를 처음 사용했다.

밴드왜건 효과란 모방 심리와 일맥상통하며, 친구 따라 강남 가는 식의 소비 성향을 말한다. 특히 소비에 대한 주관이 아직 뚜렷하지 않은 중고생 같은 청소년층이 밴드왜건 효과를 노리는 기업의 주요 타깃이 된다.

전국의 중고생들이 마치 교복 상의처럼 입고 다니는 노스페이스 검정색 패딩이 대표적인 경우다. 한 명이 입기 시작하면 좋든 싫든 모두가 입는다. 모두가 입는데 나만 안 입으면 왠지 '왕따'가 되는 기분마저 든다. 과거에도 나이키 운동화나 이스트팩 또는 잔스포츠 가방 등이 밴드왜건 효과 때문에 대한민국 중고생들의 필수품이 된 적이 있다.

기업 입장에서는 밴드왜건 효과가 더없이 반가울 수밖에 없다. 앞장서서 나팔만 불어주면 소비자들이 알아서 따라와주기 때문이다. 서부 개척 시대는 오래전에 막을 내렸지만 밴드왜건의 요란한 음악 소리는 여전히 사라지지 않고 있다.

남들 다 사는 물건은 절대 안사!
스놉 효과

하비 라이벤스타인 교수의 논문 중에는 밴드왜건 효과와 정반대의 개념이 등장한다. 바로 '스놉 효과'다. 스놉snob이란 '속물'이라는 뜻으로, 속물처럼 남들에게 과시하기 위한 소비 행태를 말한다.

남들이 많이 사는 상품은 절대로 구입하기 싫어하는 심리다. 백화점 세일 때 물건을 사지 않으며, 명품 브랜드 상품이라고 해도 세일을 해서 사람들이 많이 사는 상품은 절대 사지 않는다.

다른 사람들이 구입하기 어려운 특이하고 비싼 상품을 구입함으로써 자신을 남들과 구분시키고 스스로를 과시하고 싶어 하는 속물근성에서 비롯된 소비 행태라 할 수 있다.

자신을 남과 다르게 구분 짓고 싶어 하는 심리라는 뜻에서 '백로 효과'라고 불리기도 한다. 까마귀 노는 곳에 백로가 갈 수 없는, 그런 심정인 것이다.

이러한 소비자들의 과시적 소비에 착안한 스놉 마케팅도 활발히 전개되고 있다. 명품이나 고급 브랜드 상품 판매에서 특히 스놉 마케팅이 효과를 발휘한다. 특정 상품의 판매량이 늘면 희귀성이 떨어져 오히려 소비 욕구가 감소하기 때문에 박리다매보다는 적게 팔더라도 비싸게 팔아서 이익을 취하려는 가격 정책을 선택하는 경우가 많다.

고급 위스키나 스포츠카 등 일부 상품에서 주로 활용되는 한정수량 판매 또한 대표적인 스놉 마케팅의 예라고 할 수 있다. 제품마다 일련번호를 부여함으로써 소장 가치를 높이고 아무나 가질 수 없는 상품이라는 특별한 가치를 부여해주기도 한다.

경제가 어렵고 장사가 잘 안 된다고 해도 백화점 명품관이나 수입차 판매업체들은 결코 가격을 낮추는 법이 없다. 오히려 그럴수록 더 가격을 올려서 아무나 쉽게 살 수 없는 상품이라는 이미지를 제공해야 '스놉' 고객들에게 어필할 수 있기 때문이다.

● 비즈니스 상식 ●

물건 사지 말라고 광고하는 디마케팅

하나라도 더 팔아도 아쉬운 판국에 돈을 들여 제발 우리 회사 물건을 사지 말라고 광고하는 회사들도 있다. 담배 회사들과 위스키 회사들은 사이좋게 금연, 금주 캠페인을 연중 그치지 않고 분유 회사는 모유 수유 캠페인을 벌인다.

이렇게 자신이 판매하거나 서비스하는 제품의 수요를 의도적으로 줄이는 마케팅 활동을 '디마케팅$^{de-marketing}$'이라 한다. 줄인다는 뜻의 'decrease'의 첫 음절 디^{de}와 마케팅의 합성어다.

기업들이 디마케팅을 하는 이유는 여러 가지가 있다. 가장 중요한 것은 장기적 관점에서 기업이 고객과 건실한 관계를 발전시켜 나가는 것이 유리하다는 판단 때문이다. 당장 눈앞에 보이는 한 명의 고객을 돌려보내는 것이 아까울 수 있겠지만 길게 보면 이익이 될 수 있다고 보는 것이다.

본전 생각, 빨리 잊는 게 상책!
콩코드 오류

"이제 파리에서 뉴욕까지 세 시간이면 갈 수 있게 됐습니다."

"세 시간이라고요? 비행기를 타고도 일곱 시간이 걸리는 거리를 어떻게 세 시간 만에 갈 수 있다는 거죠?"

1967년 영국과 프랑스가 공동으로 개발한 콩코드 여객기의 시험 모델이 첫선을 보였을 때만 해도 사람들은 놀라움을 금치 못했다. 콩코드는 상업 여객기로서는 처음으로 음속을 돌파한 비행기로, 파리와 뉴욕 간 운행 시간을 기존 일곱 시간에서 세 시간으로 단축시킨 놀라운 비행기였다.

하지만 본격적인 운항이 시작되자 과도한 투자비용에 비해 수익성이 불투명하다는 점 때문에 지속적으로 문제가 제기됐다. 아무리 뛰어난 제품이라도 성공하려면 수익성에 대한 고려가 이루어져야 한다. 파리와 뉴욕 노선에 콩코드가 아니라 우주왕복선 디스커버리호를 투입할 수 있다고 해도 비용 대비 수익이 나지 않으면 현실화가 불가능한 것이다.

콩코드 여객기는 개발 초기부터 과도한 투자비용과 불투명한 수익성 때문에 논란이 많았다. 그리고 시간이 흐르면서 그 심증은 확증이 되어갔다. 반론의 여지 없이 모두가 인정할 수밖에 없는 사실이 됐다.

그래서 콩코드 여객기의 개발과 생산이 중단됐을까? 놀랍게도 그렇지 않았다. 잘못됐다는 사실을 모두가 알고 있었지만 비행기 개발은 중단되지 않고 계속됐다.

"지금까지 들어간 비용이 얼만데. 지금 포기하면 여태껏 투자했던 비용을 모두 날려버리는 셈이라고."

가장 큰 이유는 그동안 소요된 막대한 투자비에 대한 본전 생각 때문이었다. 이처럼 본전 생각 때문에 뻔히 알면서도 잘못된 결정을 내리는 현상을 '콩코드 오류'라고 한다.

이미 써버려서 회수가 불가능한 비용을 경영학적 용어로 매몰 비용sunk cost 또는 매몰 원가라고 한다. 아깝지만 지금 와서 어떻게 건져낼 수 없는 비용이다. 기업 활동에서 중요한 결정을 내릴 때는 그로 인해 발생할 비용과 이익만을 생각해야 한다. 매몰 비용을 생각해서는 올바른 결정을 내릴 수 없다. 기업들이 엄청난 적자를 내는데다 미래도 기대할 수 없는 사업부나 상품들을 꾸역꾸역 끌고 가는 것도 바로 콩코드 오류 때문이다.

게임 이론에서는 콩코드 오류를 '악어의 법칙'이라고도 부른다. 악어에게 다리를 물렸을 때 사람들은 그 다리를 빼기 위해 악어의 입에 손을 집어넣는다. 하지만 다리를 빼내기는커녕 손까지 악어한테 물리고 만다. 빠져나오려고 발버둥 치면 칠수록 더 빠른 속도로 악어에게 잡아먹히게 된다. 게임 이론의 관점에서 악어에게 물렸을 때 살아날 수 있는 가장 좋은 방법은 물린 다리를 포기하는 것이다.

흔히 기업들이 구조조정을 할 때 '제 살을 깎는 고통'이라는 표현을 쓴다. 다리 한쪽은 내주었을망정 생명을 지킬 수 있게 된 것이다. 하지만 아직도 다리 한쪽을 살리기 위해 온몸을 내던지는 오류를 범하는 기업들을 흔히 볼 수 있다. 본전 생각이 나는 부분이 있다면 하루빨리 잊는 것이 상책이다.

일상생활에서도 콩코드 오류는 흔하게 일어난다. 아침 출근길, 버스를 타려고 정류장에서 기다리기 시작한 것이 무려 20분째다. 기다리다 지쳐 눈앞에 서 있는 택시를 바라보지만 올라탈 수가 없다. 지금까지 기다린 시간이 아까워서다.

택시를 탈 것 같았으면 아마 정류장에 오자마자 탔을 것이다. 기다릴 대로 기다린 다음에 비싼 돈 주고 택시를 타려고 하면 본전 생각이 날 수밖에 없다. 어쩔 수 없이 20분을 더 기다린 다음에 간신히 버스에 올라탄다. 회사에는 당연히 지각했다. 아까 그때라도 택시를 탔으면 지각은 하지 않았을 텐데. 아마 많은 사람들이 매일 아침 출근 시간에 겪는 딜레마일 것이다. 떠나간 버스는 빨리 잊는 것이 좋다.

• 비즈니스 상식 •

IT의 4대 천왕 'TGIF'

TGIF라고 하면 아마 우리나라 사람들은 패밀리 레스토랑 T.G.I.F[TGI프라이데이]를 먼저 떠올릴지도 모른다. 하지만 서양 사람들에게 TGIF는 아주 오래전부터 삶 속에서 매우 친근하게 사용되어온 용어로, "Thank God It's Friday"의 줄임말이다. 금요일이 되면 "TGIF[신나는 금요일이다]"라고 하면서 주말이 된 것을 감사한다는 뜻으로 널리 쓰여왔다.

그런데 요즘은 요일과 상관없이 TGIF가 전 세계적으로 많이 사용되고 있다. TGIF란 트위터[Tweeter], 구글[Google], 아이폰[iphone], 페이스북[Facebook] 등 IT의 '4대 천왕'을 지칭하는 표현이다. TGIF는 스마트 마케팅의 핵심으로 마케팅 분야에서도 빼놓을 수 없는 용어가 됐다.

어느 날 갑자기 대박 터지는 이유
티핑포인트 법칙

1970년대 미국 북동부의 백인들이 주로 거주하던 마을에 하나 둘씩 흑인들이 들어와 살기 시작했다. 흑인들의 비율이 1~2퍼센트 늘어나면서 이 마을을 떠나 교외로 나가는 백인들도 하나 둘 생겨나기 시작했다. 그러다 흑인들의 비율이 20퍼센트에 이르는 시점에서 남아 있던 거의 모든 백인들이 갑자기 마치 약속이라도 한 것처럼 한꺼번에 마을을 떠나는 현상이 곳곳에서 벌어졌다.

사회학자들은 백인들이 폭발적으로 마을을 떠나게 만드는 흑인 비율 20퍼센트를 '티핑포인트Tipping Point'라고 불렀다. 뭔가가 갑자기 폭발적으로 확대되는 시점을 이르는 말이다.

〈워싱턴 포스트〉 기자와 〈뉴요커〉 기고 작가로 활동했던 말콤 글래드웰Malcom Gladwell은 예기치 못한 일들이 한순간 폭발하게 되는 현상에 주목하고 거기에는 특별한 법칙이 있다는 것을 발견했다. 그것이 바로 대박 상품을 만드는 비결인 '티핑포인트 법칙'이다.

"자고 일어나니 유명해져 있더라"는 말처럼 히트 상품들은 꾸준한 추세로 팔리는 것이 아니라 어느 시점에 이르러 폭발적으로 성장하는 단계를 맞게 된다는 것이다.

사람이나 상품이나 어느 날 갑자기 특별한 이유 없이 폭발적인 관심과 인기를 끌게 되는 것은 아니다. 벼락 스타가 되는 것과 '대박' 상품이 만들어지는 원리에는 공통점이 있다.

우리가 흔히 우연이나 유행, 신드롬 등으로 생각하는 것들에도 나름대로 논리적인 과정과 법칙이 있다. 마치 전염병이 급속도로 퍼지는 것과 같은 이치라고 할 수 있다.

글래드웰은 대박 상품을 만드는 티핑포인트의 세 가지 법칙으로 소수의 법칙, 고착성, 상황의 힘을 꼽았다.

소수의 법칙은 아주 적은 몇 명의 사람들이 변화의 원동력이 된다는 것이다. 20퍼센트의 원인이 80퍼센트의 결과를 낳는다는 '80:20의 법칙'과도 유사하다.

마치 몇몇 보균자들 때문에 전염병이 전 지역에 확산되는 것처럼 강력한 입소문을 통해 많은 사람에게 상품을 전파하는 전파자가 따로 있다. 이러한 사람들을 찾아내 입소문을 전파하게 한다면 하루아침에 폭발하는 대박 상품을 만들어낼 수 있을 것이다.

캐주얼 신발 브랜드인 허시파피는 맨해튼 중심가의 히피들이 신던 그저 그런 신발이었다. 하지만 특별한 몇몇 사람들이 입소문을 내면서 전국의 백화점 매장에까지 입점하는 대히트를 기록했다.

고착성은 전달하려는 메시지가 대중의 뇌리에 끈끈하게 달라붙어야 한다는 뜻이다. 이성적으로 장점을 판단하는 것이 아니라 자신도 모르는 사이에 메시지가 머릿속에 '착' 하고 달라붙도록 만드는 것을 말한다.

상황의 힘이란 개인적인 의지와 상관없이 특별한 상황이 특별한 결과를 가져올 수 있다는 것이다. 갑작스러운 유행이나 히트에는 바로 이러한 상황의 힘이 작용하고 있다.

이 세 가지 요소가 절묘하게 맞아떨어지면 대박 상품, 메가트렌드를 만들어낼 수 있다.

• 비즈니스 상식 •

21세기 최고의 히트 상품은?

삼성경제연구소가 2000년대 들어 매년 열 개씩 선정해온 110개의 히트 상품 가운데 열 개를 추려 '2000~2010 히트 상품 베스트 10'을 발표했다. 2000년대 히트 상품 베스트 10에서 1위는 스마트폰이 차지했다. 그 뒤를 이어 2위는 월드컵, 3위 싸이월드, 4위 소셜미디어, 5위 신용카드, 6위 김연아, 7위 웰빙 상품, 8위 내비게이션, 9위 교통요금 결제 서비스, 10위 막걸리 순으로 나타났다.

2000년대 히트 상품에서 나타나는 가장 큰 흐름은 디지털 상품의 진화였다. 베스트 10에서 1위를 차지한 스마트폰을 포함해 싸이월드, 소셜미디어, 내비게이션, 교통요금 결제 서비스 등 전체 히트 상품 가운데 절반이 디지털 관련 상품이었다. 특히 스마트폰은 융·복합, 개방, 참여, 공유 등 최근 10년간의 IT^{정보기술} 트렌드를 종합적으로 반영하고 있다고 연구소는 설명했다.

— 비즈니스 4단계 —
management

비즈니스 4단계 ──
management

우리 팀을 '드림팀'으로 만드는 법칙

'과연 우수한 인재들만 모인 팀은 성과가 높을까?'
'왜 여러 사람이 참여한 프로젝트는 진전이 없을까?'
회사 생활을 하면서 늘 궁금했지만 누구에게도 물어보지 못한 질문들이 많을 것이다. 팀의 책임자라면 어떻게 부하 직원을 독려하고 팀원들 간 시너지를 높일 수 있을지 고민할 터. 이제부터 나올 법칙들은 그동안 품고 있던 우리 회사, 우리 팀에 대한 궁금증을 속 시원히 해결해줄 것이다.

인센티브도 지나치면 '독' 된다 **여키스-도슨의 법칙**
다양한 사람들이 모인 부서가 잘 굴러가는 이유 **메디치 효과**
혼자선 잘하는데 왜 팀에 오면 힘을 못 쓸까? **링겔만 효과**
우리 팀 실적? 꼴찌에게 물어봐! **리비히의 법칙**
승진은 실력이 아니라 외모 순? **후광 효과**
일은 그대로인데 직원만 늘어나는 이유 **파킨슨 법칙**
똑똑한 사람들만 모아놓으면 성과가 오를까? **아폴로 신드롬**
일할 사람 많으면 서로 눈치만 보는 이유 **방관자 효과**
근무 환경 나빠졌는데 왜 생산성은 늘었을까? **호손 효과**
승진을 거듭할수록 무능해지는 이유 **피터의 원리**
어느 회사나 그런 상사 꼭 있다! **딜버트의 법칙**
상사와 부하의 적절한 거리는 얼마? **고슴도치 딜레마**
사내 인재 놔두고 외부 인재 모셔오는 이유 **메기 효과**
조각상을 사람으로 만든 믿음과 기대 **피그말리온 효과**
믿는 대로 이루어지는 긍정의 힘, 부정의 힘 **플라시보 효과 | 노시보 효과**
먹고살기 위해서 일하는 건 아니라고? **매슬로의 욕구 5단계설**

Episode

회사 물건 마음대로 갖다 쓰세요!

"문을 열어두라고 했더니 또 잠가놨네."

어느 날 HP의 공동 창업자인 빌 휴렛이 현미경을 가지러 회사 공구실에 들렀을 때의 일이다. 그는 자신의 기대와 달리 공구실의 문이 굳게 닫혀 있는 것을 보고 화를 냈다. 빌 휴렛은 얼마 전에 회사 내 부품 창고와 공구실을 잠그지 말고 직원들이 마음대로 이용할 수 있도록 개방해두라고 지시를 내린 적이 있었다.

"창고 문을 열어두었더니 직원들이 비싼 부품들을 자꾸 가져가는 바람에……"

담당 직원은 말끝을 흐렸다.

"상관없어요. 그렇게 하라고 열어두는 겁니다."

빌 휴렛은 자물쇠를 직접 뜯어 공구실을 열고 다시는 그 문을 잠그지 말라고 신신당부했다. 그 이후로 HP의 '창고 개방 정책 Open Door Policy'이 자리를 잡을 수 있었다.

조직 생활에서는 공과 사를 철저하게 구분하도록 요구한다. 아무

리 높은 지위에 있어도 회사의 기물이나 재산을 개인 용도로 사용해서는 안 된다. 그런데 빌 휴렛은 왜 회사에 재산상의 손해를 끼치게 하면서까지 창고 개방 정책을 고수했던 것일까? 그 이유는 빌 휴렛과 함께 HP를 창업한 데이비드 패커드의 경험 때문이었다.

패커드는 HP를 창업하기 전에 GE에서 일한 적이 있는데 그때 흥미로운 광경을 목격했다. 회사에서 불만이나 불신이 생기면 직원들이 그에 대한 반항 심리로 회사의 재산인 공구나 부품을 마음대로 집에 가져가버리는 것이었다.

회사에서 만족스러운 대우를 못해줄 때 돈 되는 회사의 재산을 가져가서 대신 이익을 취하려는 일종의 보상 심리였다. 회사 입장에서는 결코 좋은 일이 아니었다. 그런 일이 반복되면서 직원들의 집집마다 회사에서 사용되던 공구와 부품들이 널려 있게 되었다.

하지만 기대하지 않았던 뜻밖의 결과가 나타났다. 그렇게 가져간 공구와 부품들이 회사 업무와 관련된 프로젝트나 기술 향상에 도움이 되는 취미 활동에 사용되면서 개인들의 자기계발에도 큰 도움을 주게 된 것이다.

어차피 기술자들은 공구나 부품이 있으면 이것저것 만들어보면서 새로운 아이디어를 얻는다. 회사에서 강제로 시켜도 하기 힘든 일을 직원들이 자발적으로 집에까지 가서 개인들의 자기계발에 열중하게 된 것이다. 그리고 결과적으로 그런 시도들이 업무에 반영되면서 좋은 성과를 내는 데 기여할 수 있었다.

패커드는 새로운 회사를 창업하면서 GE에서의 경험을 교훈 삼아 자발적으로 창고를 개방하는 정책을 수립하기로 마음먹은 것이다. 휴렛과 패커드는 종업원들이 부품을 가져다가 자신의 개인 컴퓨터를 고치는 일도 어떻게 보면 개인의 학습과 성장을 위한 노력이 될 수 있다고 생각한 것이다.

HP의 자재 창고 개방 정책은 직원들의 자기계발로만 끝나는 것이 아니다. 보다 큰 의미는 바로 경영자와 직원들 사이에 쌓인 두터운 신뢰에서 찾을 수 있다. 자재 창고의 문을 개방함으로써 직원들은 경영자로부터 신뢰를 받는다고 생각해 사기가 높아졌고, 더욱 열심히 회사를 위해 일하게 된 것이다.

휴렛과 패커드가 푼 것은 작은 자물쇠 하나였지만 실제로 열린 것은 종업원들의 마음이었다. 이러한 신뢰의 경영이 HP의 기업정신인 'HP Way'의 기반이 됐으며, 오늘날 HP를 세계적인 기업으로 성장시킨 원동력이 되었다.

인센티브도 지나치면 '독' 된다
여키스-도슨의 법칙

미국의 심리학자 로버트 여키스Robert Yerkes과 그의 제자인 존 도슨 John Dodson은 미로 속의 생쥐를 대상으로 흥미 있는 실험을 하나 실시했다. 생쥐들에게 각기 다른 강도의 전기 충격을 주면서 그들의 행동이 어떻게 달라지는지 관찰한 것이다.

전기 충격이 아주 약하게 주어지자 생쥐들은 천천히 미로 속을 어슬렁거렸다. 전기 충격이 생쥐들의 행동에 거의 영향을 미치지 못한 듯 보였다.

전기 충격을 조금씩 강하게 주자 생쥐들의 움직임에도 변화가 오기 시작했다. 충격의 강도가 높아질수록 움직임이 눈에 띄게 빨라진 것이다.

"전기 충격의 강도를 조금 더 높여볼까?"

하지만 전기 충격의 강도를 지속적으로 높이자 어느 시점에서 정점을 찍고 나서 오히려 생쥐들의 움직임이 둔화되기 시작했다. 충격에 대한 공포감 때문으로 보였다.

그 실험을 통해서 여키스와 도슨은 자극과 성취도 사이의 상관 관계에 관한 비밀 하나를 풀었다. 요컨대 자극과 성취도 사이에는 U자를 뒤집어놓은 모양, 즉 ∩ 같은 그래프가 생성된다는 것이다. 처음에 긴장감이 없을 때는 성취도가 낮은 수준에 머물러 있다가 긴장감이 올라갈수록 성취도가 높아지지만, 긴장감이 지나치게 높아지면 다시 성취도도 떨어진다는 것이다.

　미로 상자 속의 생쥐는 조직 생활의 구성원들에 종종 비유되기도 한다. 일에 대한 스트레스가 너무 작으면 도전 정신 부족으로 긴장이 풀어지면서 효율이나 성취도가 떨어지지만, 스트레스가 개인이 감당하지 못할 정도로 클 경우에도 마찬가지 효과가 나타나기 때문이다.

　직장인들을 움직이는 인센티브나 보너스 등도 여키스-도슨의 법칙을 통해 설명할 수 있다. 적당한 수준의 인센티브나 보너스가 직원들을 움직이는 커다란 동인이 되지만 일정 수준을 넘으면 지속적인 성과를 기대하기 어려울 수도 있다는 얘기다.

다양한 사람들이 모인 부서가 잘 굴러가는 이유
메디치 효과

"메디치 가문에서 이번에 또 거대한 건축물을 만든다는군. 건축물을 설계할 사람과 그 안에 들어갈 그림이나 조각을 만들 사람들이 많이 필요할 걸세. 피렌체로 가보지 않겠나?"

　15세기 이탈리아 피렌체에는 다양한 문화 예술 분야의 사람들이 모여들었다. 피렌체의 재력가였던 메디치 가문이 예술가들에게 다양한 일을 의뢰하면서 그들을 경제적으로 지원했고 후원을 아끼지 않았기 때문이다.

중세 시대만 해도 조각가나 건축가, 화가 등은 사회적으로 그다지 인정받는 직업군이 아니었다. 하지만 예술가를 우대한다는 소식에 수많은 예술가들이 피렌체로 몰려들었고 도시 곳곳에서 다양한 예술 작업들이 이루어졌다.

메디치 가문은 중세 이탈리아는 물론 전 세계를 통틀어서도 최고의 부자로 손꼽히는 집안으로 직물업과 무역업, 금융업 등을 통해 막대한 부를 축적했다. 하지만 메디치 가문을 이야기하는 다양한 수식어 중에 가장 영광스러운 말은 바로 '르네상스의 후원자'라는 표현일 것이다.

메디치 가문의 후원으로 분야를 초월해 이루어졌던 다양한 지적·예술적 교류는 르네상스라는 새로운 문화를 여는 원동력이 됐다.

"르네상스는 미켈란젤로나 레오나르도 다빈치가 아니라 메디치 가문에 의해 이루어졌다"라는 말은 중세 시대 문화 예술 분야에 메디치 가문이 끼친 영향을 잘 설명해주고 있다.

500년이 지난 지금 15세기 피렌체의 메디치 가문이 다시금 주목을 받는 것은 분야를 뛰어넘는 통섭 때문이다. 자연과학과 인문학의 결합, 음악과 미술의 경계를 뛰어넘는 새로운 예술 작품의 등장은 바로 15세기 피렌체에서 일어났던 다양한 지적·예술적 교류와 무척 닮아있다.

문화 예술 방면의 다양한 교류를 통해 메디치 가문이 만들어낸 조용한 기적, 이것을 '메디치 효과'라고 한다. 다른 생각이 만나는 교차점에서 혁신적인 아이디어가 폭발적으로 증가한다는 점 때문에 메디치 효과는 기업 경영에서도 주목받고 있다.

누구에게나 비슷한 사람들끼리 어울리려 하고 익숙한 것을 좋아하는 심리적인 특징이 있다. 그것이 인간의 본성이기도 하다. 같은 고향, 같은 학교, 같은 피부색의 사람들끼리 함께 있으면 마음도 편하다. 그래서 비슷한 사람들끼리 똘똘 뭉쳐 다니려고 하는 성향이 있는데, 이는 '유사매력의 효과' 때문이다.

좋아하는 사람들끼리 어울려 다니는 것이 개인적으로 큰 문제를 일으킬 리 없겠지만 조직을 구성하는 데는 문제점으로 작용할 수 있다. 이러한 '끼리끼리' 문화는 경쟁력 있는 조직을 만드는 데 치명적인 걸림돌이 될 수도 있다.

인사 담당자가 자신의 눈에 맞는 비슷한 사람들만 뽑는다면 훌륭한 인재를 선발하는 데 어려움을 겪을 것이다. 기업의 경우 아무리 똑똑한 인재라고 해도 독불장군처럼 혼자서 일할 수 없다. 담당 분야나 부서가 다르더라도 함께 머리를 맞대고 의논해서 문제를 풀어 나가려는 화합과 소통의 노력이 필요하다.

조직의 경쟁력을 높이기 위해 출신이나 성별, 전공 등의 벽을 허물고 외부로부터 다양한 인재들을 수혈하는 것도 바로 이러한 다양성이 가져다주는 힘, 메디치 효과를 활용하기 위함이다. 자신을 불편하게 만들거나 자신과 잘 맞지 않는 사람이라고 해도 해당 분야에 탁월한 능력이 있다면 과감하게 선발해서 활용할 필요가 있다. 늘 마음이 잘 맞고 편한 사람들만 선택한다면 독창적인 인재가 설 자리는 점차 사라질 것이다.

● 비즈니스 상식 ●

중세 유럽의 은행은 벤치였다?

중세 유럽에서는 국제 규모의 무역시장이 정기적으로 열렸는데, 이런 장터에는 각 나라의 돈을 교환해주는 환전상이 항상 자리를 잡고 있었다. 이들 환전상 중에는 이탈리아의 피렌체에서 온 비에리 메디치$^{Vieri\ di\ Cambio\ de'\ Medici}$도 있었다.

어릴 때부터 무역시장을 돌아다니며 환전 업무를 익힌 비에리 메디치는 대규모 환전상으로 성장한다. 메디치가 결정적으로 중세 금융계의 '큰손'으로 부상하게 된 것은 당시 가장 큰 규모의 돈을 움직이던 로마 교황청의 금융 업무를 담당하면서부터다. 당시 교황청은 세계 전역에 흩어져 있는 성당으로부터 헌금을 받은 다음 이것을 다시 필요한 지역에 보내야 했기 때문에 환전이 필요했다.

무역시장을 통해서 환전상으로 성공한 메디치는 교황청의 환전 업무를 독점하고 헌금 관리까지 도맡으면서 중세 유럽 최고의 금융 가문으로 성장한다. 그렇게 해서 얻어진 자금력이 바로 '메디치 효과'라고 일컬어지는 지적 교류의 바탕이 된 것이다.

은행이라는 뜻의 '뱅크^{bank}'는 바로 이탈리아어에서 벤치를 의미하는 '방카^{banca}'에서 유래됐는데, 환전상들이 시장 한쪽 구석 벤치에 앉아서 환전하는 일을 담당했기 때문에 붙여진 이름이다.

혼자선 잘하는데 왜 팀에 오면 힘을 못 쓸까?
링겔만 효과

"자, 어서 힘을 써, 힘을 써보라고."

프랑스의 농업공학 교수인 막시밀리엔 링겔만^{Maximilien Ringelmann}은 '사회적 태만과 조화'라는 주제의 연구를 위해 학생들을 대상으로 줄다리기 실험을 진행했다. 인원을 달리하면서 줄을 당겼을 때 사용되는 힘이 어떻게 달라지는지 알아본 것이다.

실험 결과는 무척 흥미로웠다. 똑같은 줄을 당기는 일이었지만 혼자 당길 때와 여러 명이 당길 때 사용하는 힘이 다르게 나타났다.

링겔만 교수의 실험에 따르면 한 명의 학생이 혼자 줄을 당길 때는 평균 63킬로그램의 힘을 썼지만 두 명이 당길 때는 118킬로그램, 세 명이 당길 때는 160킬로그램의 힘을 쓴 것으로 나타났다. 이것을 인원수로 나눠보면 두 명일 때는 1인당 59킬로그램, 세 명일 때는 1인당 53킬로그램밖에 힘을 쓰지 않은 것이다. 한 명이 줄을 당길 때 사용했던 힘을 100이라고 하면 두 명일 경우 93퍼센트, 세 명일 경우 84퍼센트에 불과했다.

"숫자를 계속 늘려볼까?"

링겔만 교수는 참가자의 수를 더 늘려서 최고 여덟 명이 함께 당기도록 했다. 그 결과는 더욱 놀라웠다. 여덟 명이 함께 줄을 당겼을 때 참가자들이 쓴 힘은 248킬로그램밖에 안 됐기 때문이다. 혼자 당겼을 때 63킬로그램의 힘을 썼으므로 여덟 명이면 504킬로그램이 나와야 하는데, 개인적으로 쓴 힘의 단순 합산보다 무려 256킬로그램이 나 적은 수치다.

"각각의 참가자가 1인당 31킬로그램의 힘밖에 쓰지 않았군. 혼자서 줄을 당길 때에 비해 힘을 절반도 쓰지 않았어."

이렇게 집단 속에서 참여하는 개인의 수가 늘어갈수록 성과에 대한 1인당 공헌도가 떨어지는 현상을 바로 '링겔만 효과'라고 한다.

한 사람에게 모든 책임과 권한이 주어질 때와 달리 여러 명 가운데 한 사람에 불과할 때는 대부분 전력투구하지 않는다. 익명성이라는 커튼 안으로 조용히 숨어버릴 수 있기 때문이다.

단체의 능력이 개인의 능력의 합을 능가하지 못하는 이유다. 여러 사람이 함께 일을 하면 '1+1=2' 이상의 시너지 효과를 낼 수 있을 것이라는 '환상'을 깨는 연구 결과로, 조직에서 팀을 구성할 때 반드시 염두에 두어야 할 사항이기도 하다.

팀이나 부서 단위의 활동이 많은 기업에서 이 같은 링겔만 효과를 극복하기 위해서는 단체에 속한 개인의 익명성을 없애주어야 한다. 그 대안 가운데 하나가 바로 주인의식이다. 구성원 모두가 주인의식을 갖게 되면 단체가 주는 익명성에 숨지 않고 개개인의 능력을 십분 발휘할 수 있게 된다.

비즈니스 상식

프로덕트 매니저란?

한 제품에 대해 그 제품의 개발에서부터 소멸까지 조사, 연구, 생산, 판매에 걸친 모든 것을 담당하는 사람을 프로덕트 매니저^{PM}라고 한다. 제품의 라이프 사이클이 짧아지고 개별 제품에 대한 관리가 중요해짐에 따라 프로덕트 매니저의 비중도 점점 커지고 있다. 프로덕트 매니저는 1928년 미국의 P&G에서 처음 등장했고, 1950년대 후반부터 미국 기업들에서 크게 유행했다.

우리 팀 실적? 꼴찌에게 물어봐!
리비히의 법칙

"영양소는 충분한 것 같은데 왜 이 녀석만 이렇게 안 자라지?"

19세기 독일의 화학자 유스투스 폰 리비히$^{Justus\ Freiherr\ von\ Liebig}$는 1843년 식물의 생장과 관련된 연구를 위해 식물이 자라는 모습을 지켜보다가 특별한 사실을 하나 발견했다. 식물이 생장하기 위해서 반드시 필요한 원소로 탄소와 수소, 산소, 질소, 인, 유황, 칼슘, 마그네슘, 칼륨, 철이 있는데, 이들 가운데 어느 한 가지라도 부족하면 비록 다른 원소들이 충분하더라도 그 부족한 한 가지 때문에 제대로 생장하지 못한다는 것이다.

나머지 아홉 가지 원소가 아무리 풍부해도 한 가지 원소가 극단적으로 부족할 경우 식물의 생육에 보탬이 되지 않았다.

"식물의 생장은 전체 원소의 양이 아니라 가장 부족한 한 가지 원소로부터 결정적인 영향을 받게 되는군."

다른 조건이 다 충족되더라도 결국에는 가장 부족한 조건에 맞춰 생장이 결정된다는 이 이론을 최소율의 법칙, 미니멈 법칙, 또는 이 법칙을 발견한 사람의 이름을 따서 '리비히의 법칙'이라고 부르기도 한다.

리비히의 법칙은 나무 조각으로 만든 물통 속의 물과도 같다. 길이가 다른 나무 조각으로 만들어진 물통의 경우 아무리 물을 많이 채우려 해도 가장 짧은 나무 조각의 높이 이상 채울 수 없다.

식물 분야 외에도 최소율의 법칙이 적용되는 분야가 많다. 여러 선수들이 함께 출전하는 스피드 스케이트나 사이클 경기의 '단체추발' 종목은 팀에서 제일 마지막에 들어온 선수의 기록으로 성적이 결정된다. 그 팀에서 기록이 가장 좋은 '에이스'의 실력보다는 실력이 가장 떨어지는 선수의 분발이 시합의 성적을 좌우하는 것이다.

사회 현상에서도 리비히의 법칙이 적용된다. 어떤 국가가 아무리 경제 규모가 확대되고 수출이 늘어나며 인구수가 많아진다고 해도, 정치나 문화 어느 한 분야의 수준이 크게 떨어진다면 선진국이라고 할 수 없을 것이다.

기업도 마찬가지다. 물통에 채울 수 있는 물을 기업의 경쟁력으로 볼 때 기술력, 영업력, 자금력 등 여러 요소 가운데 한 가지가 크게 부족하면 기업의 전체 경쟁력도 부족한 한 가지 요소의 수준에 머물 수밖에 없다.

조직 구성에서도 리비히의 법칙이 잘 들어맞는다. 뛰어난 성과를 내는 팀을 원한다면 능력이 뛰어난 직원을 뽑는 것도 중요하지만 팀 전체의 수준을 고루 높여야 한다. 능력이 떨어지는 직원 한 명으로 인해 전체 팀의 성과가 크게 떨어질 수도 있기 때문이다.

승진은 실력이 아니라 외모 순?
후광 효과

"잘생기고 품행이 바른 병사가 사격도 잘하고 전투화까지 잘 닦는다고?"

미국의 심리학자 에드워드 리 손다이크 Edward Lee Thorndike는 상사가 부하를 평가하는 방식을 연구하다가, 장교들이 부하의 특성을 평가할 때 탁월하다고 인식된 병사들에 대해 점수를 후하게 준다는 사실을 알아냈다.

얼굴이 잘생기고 평소 품행이 바른 병사들에 대해서는 사격 실력도 좋고 전투화도 잘 닦고, 심지어 하모니카까지 잘 분다고 평가한 것이다. 반면 그렇지 않은 병사들의 경우 모든 항목에서 평균 이하의 점수가 나왔다.

이렇게 한두 가지 특징적인 모습을 보고 나머지 역할도 잘할 것이라고 기대하는 심리적 현상을 '헤일로 이펙트 Halo Effect', 즉 '후광 효과後光效果'라고 부른다.

　외모가 뛰어난 사람들이 좋은 평가를 받는 것은 누군가의 바람직한 특징을 인식할 경우 그로 인해 그 사람의 전부를 더욱 긍정적으로 판단하게 되기 때문이다.
　예를 들어 어떤 사람에게 좋은 감정을 느끼면 흔히 그 사람이 성실하고 똑똑하다고 인식하곤 한다. 심지어 사람들은 부정적 특징을 부인하고 무시하거나 용서해줌으로써 그 후광을 계속 빛나게 하려는 경향을 보이기도 한다.
　미국의 한 대학 졸업생들을 대상으로 한 연구에서, 졸업 앨범에서 외모가 뛰어난 졸업생들을 뽑아서 그들의 소득을 조사해본 결과 졸업생 전체에 비해 평균 소득이 훨씬 높았다고 한다. 또 키와 소득의 관계를 조사한 연구 결과를 보면 키가 큰 사람들이 키가 작은 사람들보다 소득이 높은 것으로 나타나고 있다. 이러한 연구 결과들은 첫인상이나 외모가 미치는 영향이 생각보다 훨씬 크다는 것을 의미한다.

외모나 첫인상은 단순히 좋다, 나쁘다의 문제로 끝나는 것이 아니라 사회적인 지위나 승진, 입사 등에도 영향을 미친다.

기업의 인사 담당자나 팀 리더들은 후광 효과의 영향을 가장 많이 받는 사람들이다. 새로운 직원을 뽑거나 자기 팀원을 관리할 때 후광 효과를 경험하게 되기 때문이다.

대부분의 관리자는 후광 효과를 인식하고 있으며, 그에 대한 영향을 덜 받기 위해 노력하고 있는 것도 사실이다. 하지만 불행하게도 그렇게 하기란 생각보다 매우 어렵고, 후광 효과로부터 자유로운 사람은 많지 않다.

"난 결코 사사로운 감정에 흔들리지 않아."

자신이 무척이나 이성적이며 분석적이라고 생각하는 사람들의 경우도 마찬가지다. 사람들이 후광 효과를 느끼게 되는 것은 그런 상황을 접하면 감정을 담당하는 뇌 영역이 활발하게 움직이는 대신 분석적인 뇌 영역은 휴식을 취하기 때문이다.

후광은 후광이지만 부정적인 후광 효과도 존재한다. 한 번 실수한 사람은 시간이 오래 지나고 상황이 많이 달라지더라도 여전히 그 실수에 대한 잔상이 남아 그 이후의 성공에 대해서도 저평가를 받게 되는 것이다. 이처럼 후광 효과와 정반대의 현상을 나타내는 것을 '그림자 효과'라고 한다.

후광 효과나 그림자 효과가 무서운 이유는 그러한 효과가 객관적인 진실에 접근하는 것을 어렵게 한다는 데 있다. 기업의 경영자나 관리자로서 경쟁력 있는 조직을 만들어가려면 직원들의 머리 뒤에 있는 '후광'이나 '그림자'를 제거하고 객관적으로 볼 수 있는 눈을 가져야 한다.

> ● 비즈니스 상식 ●
>
> ### 카리스마는 신의 은총?
>
> 청중을 휘어잡는 발표자의 '카리스마charisma'는 프레젠테이션 성공을 위해 필요한 매우 중요한 요소 중 하나다. 그런데 카리스마란 과연 어떤 뜻일까? 옥스퍼드 사전에 따르면, 그리스어로 '신의 은총'을 의미하는 'Kharis'라는 단어에 기원을 두고 있다고 한다. 이 용어가 자주 사용되기 시작한 것은 독일의 사회학자 막스 베버가 《경제와 사회》에서 카리스마적 권위를 전통적·법률적 권위와 구별되는 형태의 권위로서 정의한 후부터인 것으로 알려지고 있다.

일은 그대로인데 직원만 늘어나는 이유
파킨슨 법칙

"일은 그대로인데 어떻게 사람만 이렇게 계속 늘어날 수 있지?"

영국의 역사학자이자 경영연구가인 시릴 파킨슨Cyril N. Parkinson은 1914년과 1928년 두 해의 영국 해군의 장교와 사병, 그리고 관리자와 사무원 등의 수를 비교해봤다. 놀랍게도 그 기간 동안 해군 병사와 함대는 각각 3분의 1이 줄어들었으나 본부의 관리자 수는 78퍼센트나 늘어난 것으로 나타났다.

이번에는 식민지를 관리하던 정부 부서인 식민청의 행정 직원 수를 파악해봤다. 1935년 372명이던 직원 수는 1954년 무려 1,661명으로 크게 늘어났다. 그 기간 동안 식민지가 속속 독립을 하면서 식민지 자체가 많이 감소해 업무는 크게 줄어든 상태였다. 두 경우 모두 매년 5~6퍼센트의 비율로 인원이 늘어나고 있었다.

그러한 분석을 토대로 파킨슨은 "일의 양과 공무원의 수는 아무런 상관이 없다"는 주장을 펼쳤다.

특별한 업무가 없으면서도 부하 직원들을 고용하면 이들을 관리하기 위해 불필요한 일이 증대되어 공무원 수가 폭증한다는 '파킨슨 법칙'이다.

기업 규모가 커지고 업무가 많아지면 직원의 숫자도 함께 늘어나는 것은 당연한 일이다. 하지만 반드시 그런 것만은 아니다. '신의 직장'이라고 불리는 일부 공기업의 경우는 적자를 봐도 월급이 올라가고 하는 일은 그대로인데 사람 수만 꾸준히 늘어나기도 한다.

공무원 사회에서 직원의 숫자가 계속 늘어나는 것은 할 일이 많아졌기 때문이 아니라 부하 직원들을 계속 늘리려는 공무원의 생리 때문이라는 것이 파킨슨의 주장이다.

공무원 세계에서는 서로를 위해 일을 만들어낸다. 부하가 늘어나면 그들을 관리하기 위해 상사가 늘어나고, 상사가 늘어나면 또 그들을 보좌할 부하가 늘어나는 식이다. 즉 특별한 일이 없어도 부하 직원들을 고용하면 이들을 관리하기 위해 불필요한 일이 증대되어 공무원 수가 폭증한다는 것이다.

A라는 공무원이 있다고 가정하자. 그는 어느 정도 공무원 생활을 한 '고참' 관리자다. 스스로가 격무에 시달린다고 생각한다.

"너무 일이 많아 정신이 하나도 없어."

특별히 하는 일도 없는 것처럼 보이는데 바쁘다는 얘기를 입에 달고 산다. A가 선택할 수 있는 길은 세 가지다. 너무 힘든 일을 포기하고 사표를 쓰거나, 동료인 B에게 협조를 구하거나, 업무를 보조해줄 부하 직원을 두는 것이다.

첫 번째 방법을 선택할 사람은 아마 단 한 명도 없을 것이다. 두 번째도 마찬가지다. 동료와 일을 나눈다는 것은 곧 조직 내에 새로운 경쟁자를 두는 것이나 다름없다. 선택할 수 있는 결론은 세 번째 방법뿐이다.

"그래, 빨리 사람을 하나 뽑도록 해야겠다."

부하 직원을 두는 데도 약간의 문제가 있다. 한 명으로는 안 된다. 만약 부하 직원을 한 명만 채용하면 자신과 부하 직원이 일을 분담하게 되고 결국 그 부하는 자신의 동료나 경쟁자가 될 수도 있다.

"두 명을 두면 되겠군. 그렇게 하면 서로 견제하면서 나에 대한 충성 경쟁을 할지도 모르지."

그렇게 해서 C와 D라는 두 명의 부하 직원이 생긴다. 하지만 여기서 끝나는 것이 아니다. C와 D 역시 어느 순간 일이 많다고 불평을 하게 될 것이다.

"너희들에게도 보조 직원들이 필요하겠구나. 각각 두 명씩은 있어야겠지?"

그러면 E, F, G, H라는 네 명의 직원이 새롭게 채용된다. 늘어난 부하 직원 덕분에 A는 가만히 앉아서 높은 자리로 승진하게 됐다.

결국 한 사람이 일곱 명으로 늘어났다. 과연 이 조직의 업무는 얼마나 늘어났을까? 물론 엄청나게 늘어났다. 정신없이 바빠진 이들의 모습을 살짝 들여다보자.

외부에서 서류가 접수되면 일곱 명 모두 차례로 열람한다. 서류 담당 직원을 F라고 정하면 F는 답신 초안을 작성해서 C에게 제출하고, C는 다시 그것을 대폭 수정해서 동료인 D에게 조언을 구하고, D는 부하 직원 G에게 그것을 처리하도록 맡긴다.

G가 처리를 못하면 H가 대신 수정안을 작성해서 D의 결제를 받고 C에게 전달한다. C는 거기에 다시 자신의 아이디어를 보태 완벽해진 답신을 A에게 제출한다.

A에게 부하 직원이 없을 때는 그냥 A 혼자서 처리했던 일이다. 하지만 지금은 그 일을 일곱 명이 처리하고 있다. 게다가 모두 정신없이 바쁘다.

불행하게도 A는 너무 바빠서 밑에서 올라오는 서류를 제대로 검토하지도 못하고 결재하는 일이 비일비재하다.

A는 무슨 일을 하느라고 그렇게 바빠진 것일까?

"어디 보자, C와 D 중에서 어느 녀석을 내 후임자로 지명하나?"

"이 녀석들 출근 시간이 왜 이렇게 늦는 거지?"

"G와 H는 서로 호흡이 잘 맞지 않는 것 같은데 어떻게 하지?"

"C는 아무래도 가정 문제 때문에 일을 열심히 하지 않는 것 같아."

"D를 다른 부서에 파견 보내버릴까?"

A가 신경 써야 할 일이 엄청나게 늘어난 것이다. 그렇다고 해서 A가 자신의 일을 소홀히 하는 것은 결코 아니다. 결재 올라온 서류를

꼼꼼히 검토해서 C와 D가 덧붙인 복잡한 문장을 삭제하고 H가 틀리게 쓴 글자들도 수정하고 보니 맨 처음 F가 작성한 대로 되돌아갔다.

결국 여섯 명의 부하 직원이 생기기 전에 그가 작성했을 법한 답신이 완성되었다. 똑같은 결과가 예전보다 훨씬 더 많은 사람의 손을 거치고 훨씬 더 많은 시간을 들여 만들어지는 것이다. 하지만 누구도 빈둥거리는 사람은 없었다. 모든 구성원이 최선을 다했다.

A가 분주한 일과를 끝내고 퇴근 준비를 하는 시간은 늦은 저녁 무렵이다. 땅거미가 지고 사무실의 불이 하루의 끝을 알리며 꺼진다.

"아, 오늘도 정말 힘들고 보람찬 하루였어."

가장 늦게 사무실을 나서는 사람들 사이에 섞여 어깨를 축 늘어뜨리고 쓴웃음을 짓는 A의 모습은 흰 머리카락이 그렇듯이 늦은 귀가 시간 역시 성공에 따르는 대가임을 나타내고 있다.

한 편의 우화 같은 이야기지만 사실 우리 주변에서도 얼마든지 볼 수 있는 모습이다. 파킨슨 법칙은 정부뿐만 아니라 관료화된 거대 조직의 비효율성을 비판하는 메시지로 오늘날까지도 유용하게 받아들여지고 있다.

> ## 똑똑한 사람들만 모아놓으면 성과가 오를까?
> ### 아폴로 신드롬

"어떤 사람들로 팀을 구성해야 가장 좋은 성과를 거둘 수 있을까?"

1967년 영국의 헨리 대학에서는 교과목 중 하나로 최고경영자 훈련 게임이라는 비즈니스 게임 프로그램을 도입했다. 당시 헨리 대학 내 산업훈련연구소 연구위원이던 메러디스 벨빈Meredith R. Belbin은 이 프로그램을 실질적으로 기획하고 연구해서 그 결과를 분석했다.

이 프로그램은 역할 연기법에 따라 회장과 비서, 마케팅, 생산, 재무, 서비스 관리 담당 임원 등 그 역할이 주어진 여섯 명이 하나의 '회사'를 이루어 정해진 규칙에 따라 점수를 올리고 가장 높은 점수를 얻은 팀이 승리하도록 구성됐다. 9년에 걸친 연구 기간 동안 모두 210여 개 팀이 모의 실험에 참가했다. 비즈니스 게임의 결과는 어떻게 나타났을까?

벨빈의 연구 결과에서 가장 두드러진 특징 가운데 하나는 우수한 인재들로만 구성된 팀이 결코 최고의 성과를 거두지 못했다는 점이다. 벨빈은 이 실험에서 우수한 인재들로만 구성된 팀을 '아폴로 팀'으로 불렀는데, 실험 대상이었던 25개 아폴로 팀 중에서 우수한 성과를 거둔 팀은 세 팀에 불과했다. 나머지 22개팀은 평범한 사람들이 모인 팀보다도 오히려 눈에 띄는 성과를 거두지 못했다.

도대체 무슨 일이 있었던 것일까? 아폴로 팀은 비생산적인 논쟁에 너무 많은 시간을 허비한 것으로 나타났다. 또 팀의 응집력이 떨어지다보니 제대로 된 성과를 내지 못한 것이다.

똑똑한 사람들이 모인 팀이 좋은 성과를 내지 못하는 것을 가리켜 벨빈의 연구에 등장하는 아폴로 팀에 빗대 '아폴로 신드롬'이라고 부르기도 한다.

스타플레이어로만 구성된 축구팀이나 홈런타자로만 구성된 야구팀이 좋은 성적을 거두지 못하는 이유도 이와 비슷하다. 기업의 경우도 유능한 인재들을 끌어 모으는 것만으로는 충분하지 않다는 것을 보여주고 있다.

벨빈은 이와 함께 팀에 유용한 인재상을 사원형, 회장형, 도박형, 개척형, 연구형, 감독형, 팀워크형, 완벽형 등 여덟 가지로 구분하고 어떤 인재들이 모인 팀이 가장 효과적인지를 연구했다. 그리고 가장 효과적인 팀은 여덟 가지 유형의 인물이 골고루 분포된 집단이라는 점을 밝혀냈다. 팀이란 각기 다른 특성을 가진 인재들이 골고루 모여 있을 때 더 효율적이라는 얘기다.

벨빈은 가장 효율적인 팀의 규모에 대해서도 분석했는데, 리더의 역량에 따라 유동적이긴 하지만 6~8명 정도로 구성된 팀이 가장 효율적인 것으로 나타났다.

벨빈의 연구는 많은 기업이 활용하고 있는 팀제의 근본적인 활용법을 제시하고 있다. 팀이란 개인을 여러 명 모아둔 집단이 아니며 적절한 능력의 다양한 인재들로 구성하는 것이 중요하다는 점을 시사해준다.

개인의 성공보다 팀의 성공이 바로 조직의 성공과 직결되어 있다. 아폴로 팀처럼 우수한 인재들만으로 구성된 팀은 대부분 실패한다는 연구 결과는, 누구나 나름의 특성과 강점을 갖고 있으며 그 점을 잘 활용하는 것이 성공의 관건이라는 사실을 말해준다.

> **● 비즈니스 상식 ●**
>
> ### 태스크포스는 군대 조직 이름?
>
> 기업에서 특별한 업무를 맡기기 위해 조직하는 별도의 팀을 '태스크포스task force'라고 부른다. 포스force라는 단어에서도 짐작할 수 있겠지만 원래 군대 조직에서 유래된 용어다. 제2차 세계대전 때 미국 육군이 처음 도입한 개념으로, 군대에서 기본 편제에 속하지 않는 기동부대로 특수한 임무를 맡기기 위해 조직되는 부대를 의미한다.
>
> 기업의 경우에는 특별한 프로젝트를 수행하기 위해 한시적으로 구성되는 조직을 의미하며, 프로젝트가 끝나거나 일정한 성과가 달성되고 나면 해산된다. 태스크포스는 기존의 조직 체계를 흔들지 않으면서 시장 상황의 변화에 유연하게 대처할 수 있기 때문에 조직의 유연성을 높이는 효과가 있다.

일할 사람 많으면 서로 눈치만 보는 이유
방관자 효과

13일의 금요일이었던 1964년 3월 13일 새벽, 미국 뉴욕 시 퀸스의 한 아파트 앞에서 키티 제노비스라는 28세의 한 여성이 일을 마치고 귀가하는 길에 괴한에게 습격을 당해 무참히 살해되는 일이 일어났다.

끔찍한 일이긴 했지만 하루에도 수많은 폭력 사고가 발생하던 1960년대 뉴욕 시에서 한 여성의 살해 사건은 사람들의 주목을 끌지 못했다. 이튿날 〈뉴욕타임스〉도 이 사건을 지면 한 귀퉁이에 실리는 토막기사로 다뤘을 뿐이다.

하지만 뒤늦게 이 사건의 전모가 밝혀지면서 사람들은 경악하기 시작했다. 특히 당시 제노비스라는 여성이 무참히 살해되던 그 현장을 목격한 사람이 무려 38명이나 있었다는 사실은 미국 국민들을 충격으로 몰아넣었다.

괴한은 제노비스를 찌르고 도망갔다가 다시 돌아와 칼부림하기를 세 차례나 반복하면서 35분에 걸쳐 범행을 저질렀다. 처음 범행이 시작됐을 때 제노비스는 큰 소리로 비명을 질렀고 아파트 창문 이곳저곳에서 불이 켜졌다. 아파트 주민들은 창문을 열고 범행 장면을 목격한 것이다. 그러나 거기까지였다. 주민들은 조용히 창문을 닫고 다시 잠자리에 들었다. 더욱 충격적인 사실은 그들 38명의 목격자 가운데 어느 누구도 제노비스를 도와주러 나서지 않았을 뿐 아니라 경찰에 신고 전화조차 하지 않았다는 것이다.

사람들을 경악하게 만든 것은 칼부림을 한 괴한이 아니라 바로 사건을 보고서도 아무런 반응을 보이지 않은 38명의 '방관자'들이었다. 아무리 개인주의적 성향이 강한 도시인들이라지만 바로 눈앞에서 사람이 무참히 살해되는 것을 수수방관한 주민들의 비도덕성에 대해 사람들은 분노했다. 38명의 방관자들 전원의 이름과 주소를 공개하라는 요구가 빗발칠 정도였다.

인간은 정말로 얼마나 비겁하고 또 잔인한 존재인가?

"이것은 단순히 인간의 비도덕성에 대한 비난만으로 끝낼 일은 아닌 것 같은데?"

존 달리John Darley와 빕 라테인Bib Latane이라는 두 학자는 이 사건을 심리학적으로 접근해보기로 했다. 두 사람은 이 사건에 대한 연구와 몇 가지 실험을 통해 흥미로운 결론을 얻었다. 어떤 사건이 발생했을 때 그 일을 목격한 사람들이 많을 경우 책임감 분산 효과가 생겨서 결국 아무도 도와주지 않게 된다는 것이다.

실제로 여러 실험에서 책임감이 사람 수만큼 분산되기 때문에 '내가 꼭 나서지 않아도 되겠지' 하고 사람들이 더 나서지 않게 된다는 사실이 밝혀졌다.

38명의 목격자들은 도덕성이 부족해서 제노비스를 돕지 않았던 것이 아니라 자신이 아니더라도 누군가가 도와줬거나 경찰에 신고했으리라고 생각해서 아무런 조치도 취하지 않은 것이다.

이러한 현상은 비단 제노비스 사례와 같은 살인 사건뿐만 아니라 대부분의 일상생활에서 공통적으로 발생한다. 책임감 분산에 의한 '방관자 효과'는 제노비스 사건에서 처음 주목되었기 때문에 '제노비스 신드롬'이라고도 부른다.

방관자 효과는 이후 다른 수많은 실험을 통해서 증명되었다. 보통 인적 없는 골목길을 지나가다 쓰러진 사람을 발견하면 관심을 보이거나 도와주려고 하지만, 번화한 거리에서는 그곳을 지나다니는 사람이 많으면 많을수록 도움의 손길을 내미는 확률도 줄어든다. 특정한 상황에 한 명이 있을 때 느끼는 책임감이 100퍼센트라면, 100명의 사람이 있을 때 개인이 느끼는 책임감은 1퍼센트로 줄어드는 것으로 나타났다.

여러 사람이 타고 있는 지하철 안에서 쓰러져 있는 취객에게 아무도 관심을 보이지 않는 이유 역시 책임 분산에 따른 방관자 효과 때문이다.

기업에서도 이러한 방관자 효과를 종종 볼 수 있다. 직원들로 가득한 사무실에서 여러 차례 전화벨이 울려도 누구 한 명 선뜻 전화를 받지 않는다거나, 특정한 책임자를 지정하지 않고 전 직원 또는 전 부서원을 대상으로 어떤 문제의 해결책을 강구할 때 생각만큼 좋은 결과가 나타나지 않는 경우도 많다.

사람이 많다고 해서 책임감도 함께 커지는 것은 아니다. 오히려 줄어들 수도 있다. 직원들로 하여금 기업 내에서 '방관자'가 되지 않도록 하려면 일을 처리할 때 제노비스 신드롬에 대한 고민을 한번쯤 해볼 필요가 있을 듯하다.

근무 환경 나빠졌는데 왜 생산성은 늘었을까?
호손 효과

"직원 여섯 명만 좀 선발해주시겠습니까? 간단한 실험을 하나 하려고 합니다."

1920년대 미국의 하버드 대학교 연구팀은 전화기 제조회사인 웨스턴 일렉트릭 컴퓨터의 호손 공장을 방문해서 간단한 실험을 하나 진행했다. 작업 조건의 변화가 업무 성과에 어떤 영향을 미치는지 알아보기 위한 실험이었다.

넓은 조립실에서 일하던 직원들 중 여섯 명을 뽑아서 자그마한 별도의 작업실로 데려갔다. 작업 장소는 바뀌었지만 임무는 달라지지 않았다. 직원들은 예전처럼 하던 일을 그대로 하라는 요구를 받았다.

똑같은 작업 환경에서 조명만 바꾼 다음 생산량의 변화를 알아보기로 했다. 연구팀은 며칠 동안 정상적인 조명에서 실험 대상 직원들에게 일을 시킨 다음, 조명을 밝게 한 뒤에 같은 작업을 하도록 했다.

"예상대로야. 작업량이 늘어났군. 이번에는 조명을 어둡게 해서 작업을 하도록 해봐야겠어. 그렇게 하면 작업량도 줄어들겠지."

누구라도 쉽게 예상할 수 있는 결과였다. 관건은 과연 어느 정도로 줄어들까 하는 것이었다. 하지만 결과는 아무도 생각하지 못했던 뜻밖의 방향으로 전개됐다.

"믿을 수 없어. 조명을 어둡게 했는데 도대체 어떻게 생산성이 더 늘어난 거지?"

연구팀은 다시 조명을 더 어둡게 하는 실험을 진행했는데, 결과는 더욱 놀라웠다. 생산량이 더 늘어났다. 조명의 밝기를 계속 줄여 심지어 조명이 정상적으로 작업하기 곤란한 상황까지 어두워졌는데도 생산량은 지속적으로 늘어났다.

이러한 실험 결과대로라면 작업 환경이 나빠질수록 오히려 생산량은 늘어난다는 결론을 내야 할 형편이었다. 연구팀의 예상과도 정반대의 결과였다.

"도대체 어떻게 된 일이지?"

연구팀은 예상외의 결과가 도출된 원인에 대해 좀 더 심층적으로 분석하기 시작했다. 그랬더니 조명과는 상관없는 다른 곳에서 뜻밖의 원인을 발견할 수 있었다. 실험에 참가한 직원들이 뛰어난 성과를 낼 수 있었던 것은 조명 때문이 아니라 사람들이 자신들에 대해 관심을 가져주고 존중해주는 것을 느꼈기 때문이었다.

또 수백 명이 함께 일하던 대규모의 조립실에 비해 실험을 위해 마련된 작은 공간이 조명은 어두웠지만 훨씬 쾌적했고, 실험을 위해서이긴 했지만 소규모의 공동체 형태로 일을 하다보니 서로 호흡도 잘 맞고 나름대로의 규칙을 세워 일을 할 수 있게 됨으로써 전체적인 작업 효율을 향상시키는 데 크게 기여한 것이었다.

결국 직원들의 생산성을 올리기 위해서는 조명의 밝기처럼 단순하고 물리적인 요인보다 인간적인 존중과 배려, 팀워크 같은 정신적 측면의 고려, 그리고 쾌적한 작업 환경 같은 면이 훨씬 중요하는 점을 알게 되었다.

호손 공장의 실험이 실시된 지 100년이 다 되어가지만 아직도 일터에서는 단순히 조명의 조도를 높이는 식의 업무 환경 개선이 이루어지는 사례를 흔히 볼 수 있다. 직원들에 대한 인간적인 배려나 존중은 무시한 채 새로운 책상이나 의자, 또는 최신 컴퓨터 등을 제공하면서 일의 결과가 더 좋아지기를 바라는 경영자도 많다.

물론 좋은 시설이 업무 성과를 높이는 데 필요조건임에는 틀림없다. 하지만 그것이 전부는 아니다. 정말 중요한 것은 눈에 보이지 않는다.

• 비즈니스 상식 •

업무 시간에 마음껏 즐기라고?
10퍼센트, 15퍼센트, 20퍼센트 룰

많은 기업에서 직원들의 업무 능률을 향상시키기 위한 묘안을 짜내고 있다. 타이트한 근태 관리로 직원들의 업무 시간을 늘리려고 하는 것이 대표적이다. 하지만 쳇바퀴 돌듯 뱅뱅 도는 다람쥐에게서 좋은 아이디어가 나오기는 힘들다. 글로벌 기업들은 그 반대로 업무 시간에 개인의 자유 활동 시간을 많이 부여해주고 있는 추세다. 말만으로는 통하지 않아서 아예 일정한 자유 시간을 못박는 회사도 많다.

HP의 10퍼센트룰, 3M의 15퍼센트룰, 구글의 20퍼센트룰이 대표적이다. 숫자는 다르지만 내용은 비슷하다. 이들 회사는 전체 업무 시간 중 10퍼센트, 15퍼센트, 20퍼센트의 시간은 업무 이외의 다른 생각을 할 수 있는 아이디어 재충전의 시간으로 활용하도록 장려하고 있다.

업무가 중요한 만큼 업무의 여백도 중요하다. 기업 경쟁력 강화를 위해서는 단순한 효율보다 직원들의 창조적 아이디어가 더 중요하다는 것을 역설적으로 보여주는 사례라고 할 수 있다.

승진을 거듭할수록 무능해지는 이유
피터의 원리

위계 조직에서 일하는 사람들은 시간이 지남에 따라 단계를 밟아 한

발 한 발 위로 올라간다. 평사원에서 대리가 되고, 과장이 되고 부장이 된다. 조직 안에서 가장 능력 있는 사람들이 가장 먼저, 가장 높이 승진한다.

어떤 수준까지 승진을 할 수 있을까? 아마 자신의 능력이 최고조로 발휘되는 순간까지 승진하게 되지 않을까? 하지만 로렌스 피터Laurence J. Peter와 레이몬드 헐Raymond Hull은 그렇게 생각하지 않았다. 그 반대로 생각했다. 조직에서 일하는 모든 사람은 자신의 무능력 수준에 도달할 때까지 승진하려는 경향이 있다고 주장했다. 그것이 바로 '피터의 원리'다. 1965년 로렌스 피터와 레이몬드 헐이 함께 쓴 책의 제목이기도 하다.

위계 조직에 속한 사람들은 한두 차례 승진을 하면서 자신의 능력을 발휘하게 된다. 그리고 새 지위에서 능력이 인정되면 또다시 승진을 한다. 하지만 모두가 꼭대기까지 승진하는 것은 아니다. 자신의 능력에 대한 밑천이 모두 바닥나는 순간, 더 이상 승진은 없다. 마지막으로 승진한 사람들, 더 이상 승진할 수 없는 사람들로 인해 조직은 무능력한 사람들로 가득 차게 되는 것이다.

이러한 현상이 나타나는 것은 최대한의 성과를 내려는 조직의 본질, 그리고 자신의 능력과 상관없이 무조건 높이 올라가고자 하는 개인들의 성향 때문이다.

일선에서 실무자로 일할 때 뛰어난 능력으로 인정을 받던 사람이 나이 들고 직급이 올라 관리자로 승진한 뒤로는 무능력한 모습을 보여주는 경우를 흔히 볼 수 있다. 어쩌면 승진하지 않는 편이 더 좋았을지도 모른다. 통제할 수만 있다면 자신의 무능력 수준에 도달하기 직전에 승진을 멈추는 것이 가장 바람직하다.

피터의 법칙은 무엇이든 높고 많을수록 좋다는 물량주의에 대한 지적이기도 하다. 자신에게 잘 맞지 않는 관리자가 되어 높은 자리에 오르는 것보다 자신이 가장 잘 아는 현장에 평생 남는 것이 더 좋은 선택이 될 수도 있다.

승진을 통해 자신의 능력을 십분 발휘하고 있는 사람이 있는가 하면, 힘에 부치는 지위에 올라 업무를 제대로 처리하지 못하고 다른 이들까지 실망시키는 사람도 있다. 모든 사람에게는 적성에 맞지 않는 일이 있게 마련이다.

진정한 진보는 생존의 무능력 상태로 올라가는 것이 아니라 삶의 질을 높임으로써 달성된다는 것이 피터의 법칙이 전달하고자 하는 메시지이기도 하다.

직업상의 무능력은 어디에나 존재한다. 기업과 산업, 노동조합, 행정, 군대, 종교, 교육 분야 등 위계질서로 이루어진 조직이라면 어디나 마찬가지다.

사람마다 무능력에 이르는 단계는 다르다. 어떤 사람은 평사원일 때부터 무능해서 일찌감치 승진 대열에서 멀어지고, 어떤 사람은 최고의 직위에 올라서야 뒤늦게 자신의 무능력을 발견하기도 한다. 하지만 어느 단계에서 무능해지든지 관계없이 그들은 자신의 무능을 인정하지 않으려 하고 교묘히 감춘다.

시간이 지남에 따라 모든 부서는 임무를 제대로 수행할 수 없는 무능한 사원들로 채워진다. 그러면 조직에서 일은 과연 누가 하게 될까? 조직 안에는 아직도 무능력의 수준에 도달하지 않은 사람들이 여전히 남아 있다. 아마 그들이 조직에서 일어나는 대부분의 일을 책임지게 될 것이다.

• 비즈니스 상식 •

샐러리맨은 소금 받는 사람

옛날에는 소금이 무척 귀했고 값도 엄청나게 비쌌다. 그래서 로마제국 병사들은 월급을 소금으로 받기도 했다.

서양에서 소금salt의 어원은 소금을 뜻하는 라틴어 'sal'에서 유래되었는데, 건강의 여신을 뜻하는 살루스Salus, 봉급을 뜻하는 샐러리salary, 소금으로 급료를 받던 병사를 뜻하는 솔저soldier 등이 모두 여기에 뿌리를 두고 있다. 샐러리맨과 솔저가 같은 어원에서 나온 단어라는 점이 흥미롭다. 21세기의 경제 최전선을 지키는 샐러리맨들은 '솔저'나 다름없기 때문이다.

어느 회사나 그런 상사 꼭 있다!
딜버트의 법칙

"조직에서 일하는 모든 사람은 자신의 무능력 수준에 도달할 때까지 승진하려는 경향이 있다."

1965년 로렌스 피터가 주장했던 '피터의 원리'의 핵심 내용이다. 피터의 원리가 등장한 지도 거의 반세기가 지났다. 그렇다면 로렌스 피터가 주장했던 그 내용들이 과연 지금까지도 유효할까?

정답부터 말하자면 당연히 유효하다. 아니, 그보다 더 발전되고 심화됐는지도 모른다. 피터의 원리의 현대판 버전으로 등장한 것이 바로 '딜버트의 법칙'이다.

접근 방식이 조금 다르긴 하지만 조직에서 위로 올라갈수록 무능한 사람들이 자리를 차지하고 있다는 주장만큼은 변함이 없다. 아마 어느 사회, 어느 조직이나 쉽게 변하지 않는 특징인 것 같다.

딜버트의 법칙을 조금 더 구체적으로 표현하자면 "가장 무능력한 직원이 회사에서 가장 작은 타격을 입히는 부문, 즉 경영 부문으로 중간 경쟁 단계를 거치지 않고 곧바로 승진한다"는 것이다.

기업에서 핵심 부문으로 여겨지는 경영이 실제로는 무능력자들이 모이는 별로 중요하지 않은 부문이며, 승진하는 사람들 역시 스스로의 무능함을 증명하는 것이라는 얘기다. 피터의 원리를 한 단계 업그레이드시킨 셈이다.

'딜버트'는 샐러리맨 출신의 평범한 만화가인 스콧 애덤스가 그린 만화에 등장하는 주인공이다. 회사 안에서 '얼간이'라는 별명으로 불리고 있지만 아이큐 170 이상만 가입할 수 있는 천재모임의 회원이기도 하다.

이 만화에서 딜버트는 샐러리맨의 비애와 고뇌를 대표하는 캐릭터로 말도 안 되는 헛소리만 늘어놓는 상사 밑에서 속 터지는 직장 생활을 하고 있다. 만화를 그린 스콧 애덤스 자신이 대학 졸업 후 17년 동안 직장 생활을 하면서 별 볼일 없는 샐러리맨으로 살아온 주인공이기도 하다.

"대부분의 경영서에서 말하는 내용들이 실제와는 너무 달라. 조직 생활을 한 번도 경험해보지 못한 교수나 경영 컨설턴트들이 하는 말이라서 그렇겠지. 경영의 현실을 제대로 모르는 사람들이 경영 이야기를 쓰고 있다니. 안 되겠어, 내가 직접 해보는 수밖에."

만화 딜버트는 신문에 연재되면서 대중의 관심을 끌기 시작했고, 29개국 1,000여 개 신문에 연재될 만큼 폭발적인 인기를 끌었다. 신문에 연재된 만화에 통렬한 풍자와 역설을 붙여서 펴낸 책이 바로 《딜버트의 법칙》이다. 이 책은 〈뉴욕타임스〉 베스트셀러 집계에서 무려 30주 이상 1위를 차지하는 대기록을 세우며 경영자들이 꼭 읽어야 할 필독서로 인정받았다.

딜버트의 법칙은 직장 내 무능한 상사들의 모습을 신랄하게 풍자하고 있다. 예를 들어보자. 사장은 점심 시간을 이용해서 개인 용도로 팩스를 보내는 직원을 불러 야단을 친다. 직원이 개인적인 일로 회사의 재산을 사용하는 것이 아까운 것이다. 그러면서 한마디 덧붙인다.

"종이 좀 아껴 쓰라고!"

사장은 팩스를 보내면 복사된 종이까지 상대방에게 간다고 생각하고 있는 것이다.

또 어떤 회사에서는 직원들이 출장이나 이동 중에도 일을 할 수 있도록 하기 위해 노트북을 구입했다. 하지만 노트북을 사자 걱정거리가 하나 생겼다. 노트북이 도난당할지도 모른다는 것이었다. 걱정 끝에 경영진들은 좋은 생각을 하나 떠올렸다. 노트북에 특별 장치를 달아 책상 위에 영구적으로 고정시키도록 한 것이다.

"참 나, 그러려면 도대체 노트북은 뭐 하러 사주냐고."

직원들의 볼멘소리가 들려오는 듯하다. 언뜻 보면 말도 안 되는, 정말 만화 같은 허황된 이야기라고 생각할 수도 있다. 하지만 사람들이 공감하는 데는 다 이유가 있다. 《딜버트의 법칙》은 스콧 애덤스 한 개인의 상상력만으로 그려진 만화가 아니기 때문이다.

그가 만화 연재를 시작하자마자 샐러리맨 독자들로부터 매일 수많은 편지들이 쏟아져 들어왔다고 한다. 그리고 그는 그런 이야기들을 소재로 활용했다. 만화나 책을 통해서 소개된 이야기들도 대부분 그런 독자들이 '제보'한 실제 사례를 토대로 구성된 것이다.

딜버트의 법칙이 피터의 법칙과 근본적으로 다른 점은 무능한 상사뿐만 아니라 부조리하고 불합리한 조직, 그리고 비즈니스 세계 전체를 비판한다는 데 있다. 《딜버트의 법칙》에 나오는 에피소드들은 만화가 아니라 실제 일반적인 조직 생활에서 늘 일어나는 일이다. 다만 상사들만이 그것을 모를 뿐이다.

상사와 부하의 적절한 거리는 얼마?
고슴도치 딜레마

매서운 눈보라가 몰아치는 어느 겨울날, 고슴도치 형제가 추운 날씨에 부들부들 떨고 있었다.

"이리 와봐. 둘이 꼭 껴안고 있으면 조금이라도 따뜻해질 거야."

형 고슴도치가 동생을 불렀다. 하지만 둘이 껴안자마자 날카로운 가시로 서로를 찌르고 말았다.

"앗 따가워, 저리 가."

고슴도치 형제는 멀찍이 떨어져 앉았다.

"너무 추워 얼어 죽을 것 같아."

고슴도치 형제는 다시 몸을 가까이 대보지만 이번에도 또 서로를 찌르고 만다.

"아얏, 아파 죽겠어. 저리 가."

또다시 떨어져 추위 속에서 떨던 고슴도치 형이 큰 발견이라도 한 듯이 소리를 질렀다.

"이제 알았어. 너무 멀면 춥고 너무 가까우면 가시에 찔리는 거야."

고슴도치 형제는 서로에게 상처를 주지 않으면서 추위를 피할 수 있는 방법을 찾아냈다. 서로에게 너무 가깝지도, 너무 멀지도 않은 거리에 있는 것이었다.

아이들을 위한 한 편의 동화 같은 이 이야기는 독일의 철학자인 쇼

펜하우어가 쓴 우화 〈고슴도치 이야기〉의 내용이다.

　가까이 가면 서로를 아프게 하고 멀리 떨어지면 추운 이런 상태를 바로 '고슴도치 딜레마'라고 부른다. 고슴도치 딜레마의 해법은 서로에게 상처를 주지 않을 정도의 적당한 심리적 거리를 유지하는 것이다. 조직 생활에서는 상사와 부하의 관계에도 바로 이 고슴도치 딜레마가 적용된다.

　아무리 가까운 상사나 부하라고 해도 지킬 것은 지키는 것이 좋다. 너무 가깝거나 너무 멀어서도 안 된다. 그래야 조직 생활에서 건강한 관계가 유지된다. 친하다고 해서 너무 가까운 관계를 유지하거나 별로 친하지 않다고 해서 너무 거리를 두는 것도 좋지 않다.

　유능한 관리자라면 리더십을 발휘해서 부하 직원들을 일사분란하게 이끄는 것도 필요하지만 다양한 소통 방식을 통해 직원들과의 거리를 줄여가려는 노력도 해야 한다. 물론 공과 사를 구별하지 못할 정도로 지나치게 가까워져서도 안 된다. 일정한 거리를 유지하는 것이 중요하다. 고슴도치처럼 말이다. 적당한 '배려'와 '압박'이야말로 관리자들이 고슴도치에게 배워야 할 교훈이라고 할 수 있다.

● **비즈니스 상식** ●

역사상 최초의 멘토는 누구?

기업이나 조직에서 인재를 육성하기 위한 한 방법으로 '멘토링mentoring'이 주목받고 있다. 멘토링이란 직장 내의 선배나 상사가 후배 직원들을 가르치고 이끌어주는 것을 말한다. 후배 직원들을 이끌어주는 사람을 '멘토mentor', 가르침을 받는 사람을 '멘제menger' 또는 '멘티menti'라고 부른다. 멘토는 호메로스의 서사시 《오디세이아》에 등장하는 인물에서 유래됐다. 그리스 이타카 왕국의 오디세우스 왕이 트로이 전쟁을 위해 떠나면서 자신의 한 친구에게 아들 텔레마코스를 돌봐달라고 맡기는데, 그 친구의 이름이 바로 '멘토르'였다. 멘토르는 오디세우스가 전쟁을 마치고 돌아올 때까지 아들 텔레마코스에게 친구이자 스승, 아버지가 되어 돌보고 가르쳤다. 가정교사 역할뿐만 아니라 인생 스승으로서의 역할을 톡톡히 한 것이다.

멘토링은 현대 경영에서 직원 육성 방법론의 하나로 주목받고 있다. 특히 업무 매뉴얼을 익히거나 선배의 지시에 따라 일을 배우는 기존 교육 시스템의 의존형 인재 육성 방식에 대한 한계를 극복할 수 있는 방법으로 평가되고 있다.

멘토링 시스템을 통해서 단순한 업무뿐만 아니라 인간관계, 리더십, 의사소통, 경험담 등을 나눌 수 있게 되었으며 이로써 상사가 시키는 일만 하는 것이 아니라 스스로 주어진 문제를 해결할 수 있는 자립형 인재를 양성할 수 있게 됐다.

사내 인재 놔두고 외부 인재 모셔오는 이유
메기 효과

"우리 배에서 잡아온 청어들은 모두 살아 있는 놈들입니다. 값을 높게 쳐주셔야 합니다."

유럽의 어부들은 북해까지 나가서 청어를 잡아오곤 했다. 그런데 먼 바다에 나가서 고기를 잡다보니 항구까지 가져오면 대부분 청어들이 죽어서 제값을 받지 못하는 것이 문제였다. 하지만 일부 어부들은 먼 바다에서 잡은 청어를 산 채로 항구까지 고이 모셔오는 수완을 발휘했다.

"도대체 저 배들은 무슨 수로 청어를 여기까지 살려서 가져왔지?"

그 비결은 바로 메기에 있었다. 청어를 담은 수조에 메기를 함께 넣어두었더니 메기에 대한 경계심 때문에 청어들이 열심히 돌아다녀 항구에 도착할 때까지 살아 있었다는 것이다.

어떤 분야에서나 적절한 긴장과 자극은 변화에 적응하는 삶의 촉진제가 될 수 있다. 이렇게 새로운 자극을 통해 조직에 긴장을 불어넣는 것을 '메기 효과'라고 한다.

삼성그룹 창업주인 이병철 회장은 메기 효과의 신봉자 중 한 사람으로 "한쪽 논에는 미꾸라지만 풀어놓고 다른 논에는 메기도 몇 마리 섞어놓으면 메기를 함께 풀어둔 논의 미꾸라지가 훨씬 통통하고 건강해진다"고 주장했다.

삼성그룹의 이건희 회장도 외부의 유능한 인재들을 끌어들여 기존 조직에 긴장감을 불러일으킴으로써 기업의 경쟁력을 높일 수 있다며 '메기론'을 펼치기도 했다.

공무원 사회나 정기 공채를 통해 구성된 대기업의 경우 안정성은 높지만 상대적으로 긴장감이 떨어져 조직의 경쟁력이 저하되기도 한다. 이러한 문제점을 극복하기 위해 공무원 사회는 문호를 개방해 공무원 시험이라는 과정을 통하지 않고도 특별채용 형식으로 외부 전문가들을 영입하곤 한다.

또 일반 기업들도 정기 공채에만 의존하지 않고 다양한 분야에서

검증된 전문 인력들을 스카우트함으로써 조직 전체에 긴장감을 불러일으키고 위기감을 심어줌으로써 일에 더욱 집중하고 몰두할 수 있게 한다. 이 모두가 조직 내의 메기 효과를 노린 조치라 할 수 있다.

조각상을 사람으로 만든 믿음과 기대
피그말리온 효과

"이들이 아이큐도 높고 학업 성취도도 높게 평가된 학생들입니다."

하버드 대학교 사회심리학과 교수인 로버트 로젠탈Robert Rosenthal과 20년 이상 초등학교 교장을 지낸 레노어 제이콥슨Lenore Jacobson은 1968년 샌프란시스코의 한 초등학교에서 전교생을 대상으로 지능 검사를 실시한 다음, 이 검사의 실제 점수와는 전혀 상관없이 무작위로 뽑은 학생들의 명단을 교사들에게 알려주면서 특별한 학생들이라고 말해주었다.

그로부터 몇 개월이 지난 후 전체 학생들을 대상으로 다시 지능 검사를 실시하자 놀라운 결과가 나타났다. 실제 검사 결과와 상관없이 우수한 학생이라고 알려주었던 학생 그룹의 점수가 큰 폭으로 향상된 것이었다.

도대체 어떻게 그런 일이 일어난 것일까? 알고 보니 교장으로부터 명단을 받아 든 교사들은 그들이 뛰어난 학생들이기 때문에 학업 성적이 향상될 것이라는 기대를 가지고 다른 학생들보다 더 많이 칭찬을 하면서 정성껏 돌봤다고 한다. 또한 학생들도 선생님들의 관심과 칭찬에 부응해서 열의를 갖고 공부하다 보니 좋은 성적을 낼 수 있었던 것이다.

이 실험 결과를 통해 로젠탈과 제이콥슨은 사람들이 누군가에 대해 강한 믿음과 기대를 가지고 있으면 그 대상에게 그대로 실현된다는 것을 이론으로 정립하고, 신화 속의 인물인 피그말리온의 이름을 따 '피그말리온 효과'라고 이름 붙였다. 이 실험을 주도했던 교수의 이름을 따서 '로젠탈 효과'로 불리기도 한다.

피그말리온은 그리스 로마 신화에 나오는 조각가의 이름이다. 피그말리온은 상아로 여자를 조각했는데 하루 종일 그것만 들여다보고 있다가 그만 사랑에 빠지고 말았다.

"오, 나의 사랑! 당신이 사람이면 얼마나 좋을까!"

피그말리온은 조각에 사람처럼 옷을 입히고 안아보기도 하고 손가락에 반지를 끼워보기도 했다. 마치 살아 있는 사람처럼 믿고 행동한 것이다. 그 일을 미의 여신 아프로디테가 알게 됐다.

"피그말리온, 내 그대의 정성에 감동을 받았노라."

외출했다가 돌아온 피그말리온은 소파에 누인 조각을 보았다. 생기가 도는 것 같았다. 손이 부드럽게 느껴졌다. 착각이 아닐까 의심하면서 사랑하는 사람의 정열로 여러 번 어루만졌다. 피부를 누르면 들어가고 손을 떼면 다시 원래대로 돌아왔다. 자기의 입술을 처녀의 입술에 갖다 대자 그 처녀는 수줍은 듯 얼굴을 붉혔다. 아프로디테가 그 조각상을 사람으로 만들어준 것이다.

상아 처녀는 피그말리온의 아내로 살아나게 되었다. 마침내 원하는 대로 이루어진 것이다.

　피그말리온 효과와 정반대로 다른 사람들에게 무시당하고 부정적 낙인이 찍히면 실제의 행동도 나쁜 쪽으로 변해가는 현상을 '스티그마stigma, 낙인 효과'라고 한다. 한두 번의 실수 때문에 낙인찍혀 나쁜 일이 있을 때마다 가장 먼저 의심을 받거나 무시를 당하면 정상적인 학생이라고 해도 나중에는 진짜 문제아가 되는 경우가 스티그마 효과의 전형적인 사례다.

• 비즈니스 상식 •

영화에 등장한 피그말리온, '마이 페어 레이디'

피그말리온 효과를 소재로 한 대표적인 영화는 바로 오드리 헵번이 주인공으로 나왔던 〈마이 페어 레이디〉다. 이 영화는 언어학자인 히긴스 교수가 길에서 꽃 파는 소녀를 6개월 만에 귀부인으로 만들겠다고 친구와 내기를 해서 이기고 결국 그녀와 맺어진다는 이야기다.

1913년에 쓰인 버나드 쇼의 희극 《피그말리온》을 원작으로 하여 제작된 〈마이 페어 레이디〉는 영화화에 앞서 1956년 뮤지컬로 만들어져 큰 히트를 치기도 했다. 1964년 조지 큐커 감독이 오드리 헵번과 렉스 해리슨을 주연으로 영화로 만들었으며 작품상, 감독상 등 8개 부문에서 아카데미상을 수상했다.

믿는 대로 이루어지는 긍정의 힘, 부정의 힘
플라시보 효과 | 노시보 효과

"당장 아파서 죽을 지경입니다. 병원에 갈 시간도 없으니 빨리 약 좀 지어주세요."

프랑스의 약사인 에밀 쿠에 Emile Coue는 약국 문을 닫으려던 참에 급하게 찾아온 한 환자를 맞이하게 됐다.

"처방전을 좀 보여주세요."

"병원에 갈 시간이 없다니까요?"

"처방전이 없으면 약을 지어드리기 곤란한데······."

"지금 아파서 죽겠다고요."

'어쩐다, 처방전도 없이 약을 지을 수도 없고. 옳지! 그러면 되겠구나.'

에밀 쿠에는 진짜 약 대신에 인체에 아무런 해를 끼치지 않는 포도당류의 약을 환자에게 건네주었다.

"자, 약이 여기 있습니다. 이 약 드시고 내일은 꼭 병원에 가보세요."

에밀 쿠에는 며칠 후 우연히 다시 그 환자를 만나게 됐다.

"병원에는 가보셨어요?"

"그 약이 아주 신통하더라고요. 약을 딱 먹으니 바로 아픈 게 가셔서 병원에 갈 필요도 없었다니까요?"

"그래요?"

이렇게 가짜 약도 진짜 약이라고 믿고 먹으면 약효가 나는 것을 전문 용어로 '플라시보placebo 효과'라고 한다. 우리말로는 '위약偽藥 효과', 즉 가짜 약 효과라는 뜻이다. 에밀 쿠에는 "상상력이 의지보다 훨씬 강하다"는 사실을 밝혀냄과 동시에 플라시보의 의미를 정립하고, 그것을 의약 분야뿐만 아니라 개인들의 자기계발 분야로 확대시켰다.

아무리 힘들고 어려운 일이라도 잘되리라고 긍정적으로 상상하면 실제로 좋은 결과로 나타날 수 있다는 것이다.

"나는 날마다, 모든 면에서 점점 더 좋아지고 있다"는 문구로 유명한 에밀 쿠에의 자기암시 요법은 의식적·무의식적으로 자아를 조절하고 유도하는 방법으로 몸과 마음의 병으로 고통받는 수많은 사람을 치료했다.

플라시보 효과와 반대되는 개념으로 '노시보 nocebo 효과'가 있다. 노시보는 '해를 끼치다'는 의미의 라틴어에서 유래된 말로, 플라시보가 좋아질 것이라는 기대감으로 긍정적 효과를 발휘하는 것과 반대로 나빠질 것이라는 기대감 때문에 실제로 부정적 효과가 나타나는 현상을 의미한다.

플라시보나 노시보나 기대감과 믿음에서 오는 심리적 현상이라는 점은 똑같지만 그 파괴력은 노시보가 훨씬 크다. 몸이 나빠질 것이라고 믿으면 멀쩡한 몸 상태가 실제로 나빠져서 심할 경우 죽음에 이르기도 한다.

유능한 리더라면 조직 구성원들에게 '플라시보' 처방을 내릴 줄 알아야 한다. 그렇게 된다면 능력이 조금 부족한 직원들도 자신의 능력을 몇 배 이상 발휘할 것이다. 반대로 '노시보' 처방을 내린다면 능력이 뛰어난 직원들도 자신의 능력을 제대로 발휘해보지 못하고 부진의 늪에 빠지게 될 것이다.

먹고살기 위해서 일하는 건 아니라고?
매슬로의 욕구 5단계설

"나는 인간의 역사가 인간 본성이 평가절하 되어온 과정을 기록한 것이라고 해도 지나치지 않다고 생각한다. 인간 본성에 내재되어 있는 최고의 가능성들은 항상 과소평가되어왔다."

미국의 심리학자인 에이브러햄 매슬로Abraham Maslow는 평생 인간의 성장과 발달의 높은 가능성에 대한 연구를 통해 이러한 과소평가를 바로잡기 위해 노력한 인물이다.

매슬로는 인간의 욕구를 체계적으로 분류하고 피라미드처럼 계층화해서 '욕구 5단계설'이라는 이름으로 설명했다.

많은 학자들이 인간의 욕구를 식욕이나 성욕, 수면욕처럼 생물학적·생리학적 요인들로 접근했지만 매슬로는 인간이 보다 높은 수준의 건강과 창의성, 자아실현을 향해 나아가려는 성향을 가지고 있다고 주장했다.

"사람들은 단지 먹고살기 위해서가 아니라 뭔가 의미있는 것을 위해 일하고 싶어 한다."

매슬로는 인간의 욕구가 피라미드 형태로 되어 있어서 아래에 있는 욕구가 충족되면 그 위 단계의 욕구가 발생하는 식으로 한 단계씩 올라간다고 생각했다. 매슬로의 욕구 5단계설을 피라미드 형태로 표현했을 때 가장 아래 바닥에 위치한 욕구는 생리적 욕구다. 음식이나 집, 물, 공기 등에 대한 욕구, 쉽게 말해 먹고사는 문제라고 할 수 있다.

2단계는 안전에 대한 욕구다. 생리적 욕구가 어느 정도 만족되고 나면 위험이나 위해 등으로부터 안전하다고 느끼고 싶어 한다. 먹고사는 데 정신이 없을 때는 전혀 생각하지 않던 보험에 가입하는 것도 바로 안전에 대한 욕구 때문이라고 할 수 있다.

3단계는 사회적 욕구다. 집단에서 소속감을 느끼고 싶어 하는 욕구로, 같은 회사나 모임 등 조직 내 동료들과 함께 어울리고자 하는 욕구를 말한다.

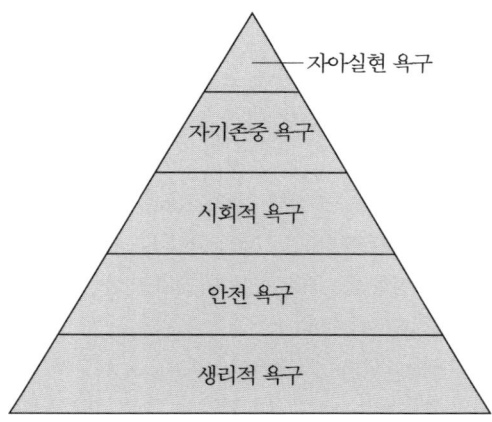

4단계는 자기존중에 대한 욕구로, 다른 사람들로부터 인정받는 것을 말한다. 회사라면 승진을 원하는 것이 자기존중의 욕구에 해당된다.

마지막 5단계는 자아실현에 대한 욕구다. 자신이 가지고 있는 모든 재능을 통해 자신의 잠재력을 실현하고자 하는 욕구다. 평생의 꿈을 이루거나 인생의 목적을 실현하는 것을 말한다. 돈도 많이 벌고 사회적 지위도 높은 사람이 어느 날 갑자기 모든 일을 팽개치고 봉사 활동에 나서거나 자선사업을 하게 되는 것은 바로 이런 욕구 때문이다.

조직 내에서 직원들에 대한 동기 부여가 중요하다면 직원들의 욕구가 어느 단계에 있는지 생각해볼 필요가 있다. 승진을 원하는 직원에게 보너스를 좀 더 준다거나, 월급 올려주기를 바라는 직원에게 월급은 그대로 두고 매일 삼겹살 회식을 시켜준다면 동기를 유발하기 어려울 것이다.

● 비즈니스 상식

일하기 좋은 기업이 실적도 좋다, GWP

미국의 경제 전문지 〈포춘〉은 매년 '일하기 좋은 기업 베스트 100'을 선정해 발표하고 있다. 매출액이 많은 기업도 아니고 수익률이 높은 기업도 아니고, 일하기 좋은 기업을 뽑는 이유는 뭘까? 일하기 좋은 기업이 결국 생산성도 높고 수익률도 높기 때문이다.

일하기 좋은 기업을 의미하는 'Great Work Place'는 기업 경영의 핵심 요소로서 하나의 전문 용어가 되었으며, 줄여서 'GWP'라고도 부른다.

GWP 개념을 처음 고안해낸 사람은 샌프란시스코 지역 신문의 기자였던 로버트 레버링이다. 레버링은 연구기관이나 매스컴들이 훌륭한 기업이라고 칭찬하는 곳과 구성원 스스로가 자랑스럽게 칭찬하는 회사를 조사해 공통점을 찾았는데, 그 결과 GWP라고 불릴 만한 기업들에는 세 가지 공통점이 있는 것을 발견했다.

첫째는 상사나 경영진에 대한 '신뢰', 둘째는 업무나 조직에 대한 '자부심', 셋째는 동료나 구성원들에 대한 '재미'였다. 레버링의 조사 방법론을 개선하고 이것을 정례화한 것이 바로 '포춘 100대 기업'의 선정 도구인 '훌륭한 일터 신뢰경영지수'다.

비즈니스 4단계 ——
management

똑똑한 위기관리를 위한 법칙

내 영업 실적도 오르고, 회사도 업계 1위로 승승장구하고…
그야말로 태평성대 같은 나날을 보내고 있는가?
당신이 마음 놓고 있는 사이 위기는 등 뒤에서 당신을 노리고 있을지 모른다.
안심하고 있다가는 갑자기 찾아온 작은 위기에도 속수무책으로 무너질 수 있다.
그러니 방심은 금물! 똑똑한 비즈니스맨은 위기 상황에 어떻게 대처할지
시나리오를 짜두고, 위기가 오지 못하도록 미리 관리한다.
또한 위기관리는 기업의 지속적인 성장과도 연결된다.
여기서는 위기의 조짐을 미리 감지하고 대처하는 법과 지속 성장을 위한
경영 계획을 세우는 데 도움이 되는 법칙들을 알아본다.

무작정 잘될 것이라는 생각은 버려라 **스톡데일 패러독스**
사고는 소리를 내면서 온다 **하인리히 법칙**
문제는 가장 사소한 곳에서 시작된다 **깨진 유리창 법칙**
뒤로 넘어져도 코가 깨진다고? **머피의 법칙 | 샐리의 법칙**
우연을 행운으로 바꾸는 마법 **세렌디피티 효과**
확대냐 안정이냐, 그것이 문제로다 **알렉산더 딜레마**
서양에도 손자병법이 있다고? **란체스터 법칙**
큰 회사 셋만 살아남는다 **빅3 법칙**

Episode

독극물 위기를 헤치고 나온 존슨앤드존슨

"새로운 뉴스를 말씀드립니다. 시카고에서 타이레놀을 복용한 소비자 여덟 명이 숨지는 사고가 발생했습니다……."

1982년 어느 날 존슨앤드존슨의 관계자들은 TV를 보면서 경악을 금치 못했다. 한 괴한이 이 회사의 인기 상품인 타이레놀에 독극물을 주입해서 약을 먹은 소비자가 숨지는 사상 초유의 사건이 발생했기 때문이다. 병을 낫게 해줘야 할 의약품이 사람 잡는 '독'으로 변신한 것이다.

타이레놀은 대부분의 가정이 갖추고 있는 상비약으로 미국 진통제 시장에서 점유율 35퍼센트로 부동의 1위를 달리는 브랜드였다. 타이레놀 사건은 존슨앤드존슨을 위기로 몰아넣었다. 자칫 잘못하면 브랜드뿐만 아니라 회사 전체가 사라질지도 모르는 중대한 위기 상황에 처하게 된 것이다.

사고 이후 시장점유율은 7퍼센트로 크게 떨어졌고 전 세계적으로 불매운동이 일기도 했다. 그나마 7퍼센트라도 점유율이 유지되고 있

다는 자체가 신기할 정도였다.

존슨앤드존슨 입장에서는 억울할 수밖에 없었다. 타이레놀에 독극물이 들어간 것이 회사 측의 전적인 잘못은 아니었기 때문이다.

어쨌든 존슨앤드존슨은 신속하고 과감하게 사고를 수습했다. 즉시 미국 전역에 판매된 타이레놀 3,100만 병을 회수했다. 또한 불안해하는 소비자들을 위해서 소비자 문의와 제품 회수를 처리하는 핫라인을 별도로 가동했다.

사고를 가리기보다는 적극적으로 알리는 쪽을 선택했다. 소비자들에게 진행 사항을 철저히 알리기 위해 미디어센터도 문을 열었다. 이 사건의 수습을 위해 회사 측이 지불한 비용만도 2억 4,000만 달러가 넘었다.

어지간한 회사라면 아예 회사 문을 닫거나 제품 판매를 중단하는 위기에 처했을지도 모른다. 돈보다 더 큰 타격은 브랜드 인지도에 대한 손상이었다. 많은 사람들에게 "타이레놀은 곧 독극물"이라는 이미지가 남아 있었기 때문이다. 타이레놀 브랜드를 없애고 새로운 브랜드를 만들어 론칭하는 것이 그나마 최선의 방법 중 하나였다. 마케팅 전문 회사에서도 존슨앤드존슨 측에 그 방법을 권했다. 하지만 존슨앤드존슨은 결코 타이레놀 브랜드를 포기하지 않았다.

"타이레놀은 우리 회사의 대표 브랜드이자 신뢰의 상징이다. 똑같은 제품을 사용하면서 브랜드를 바꾸고 제품 포장을 바꾼다는 것은 결국 소비자를 속이는 일이다."

윌리엄 웰던 회장은 단호했다. 결국 존슨앤드존슨은 이름이나 포장을 바꾸는 대신 독극물을 주입할 수 없는 형태를 개발하고 타이레놀 브랜드를 그대로 살려 새롭게 제품을 출시했다. 사태 수습에 최선을 다했고 소비자에게 아무것도 숨기지 않았기 때문에 회사의 간판 브랜드를 포기할 하등의 이유가 없었던 것이다.

타이레놀이 시장점유율을 회복하는 데 3년이 걸렸다. 소비자들은 신속하고 정확한 대처에 박수를 보냈고, 타이레놀은 '신뢰'의 브랜드로 거듭날 수 있었다.

기업들은 위기를 맞았을 때 얄팍한 눈속임으로 어떻게 해서든 눈앞의 위기만을 모면하려고 하는 모습을 보이곤 한다.

문제를 일으킨 제품에 대해서 특별한 개선이나 조치도 없이 슬쩍 브랜드만 바꿔서 다시 시장에 내놓는 경우도 있다. 그런 면에서 존슨앤드존슨의 타이레놀 사건은 기업의 위기관리에 많은 시사점을 주고 있다.

그 덕분에 존슨앤드존슨의 타이레놀은 의학 교과서보다 기업의 위기관리 교과서에 더욱 자주 등장하는 브랜드가 됐다.

무작정 잘될 것이라는 생각은 버려라
스톡데일 패러독스

짐 스톡데일은 베트남 전쟁에서 포로로 사로잡힌 미군의 최고위 장교였다. 1965년부터 1973년까지 8년간 수용소에 갇혀 있으면서 온갖 고문을 당했다. 하지만 그 고난을 다 이겨내고 결국 살아남아 전쟁 영웅이 됐다.

그가 풀려나자 많은 사람들이 스톡데일 장군에게 물었다.

"수용소 생활은 어땠습니까? 혹독한 환경을 견뎌내지 못한 사람들도 많았을 텐데요."

"예, 물론입니다."

"안타까운 일입니다. 견뎌내지 못한 사람들은 어떤 사람들이었습니까?"

스톡데일 장군은 조금도 머뭇거리지 않고 확신에 찬 어조로 대답했다.

"아, 그건 간단합니다. 낙관주의자들이었습니다."

"낙관주의자라고요? 무슨 말씀인지 이해가 안 가는데요?"

"낙관주의자들 말입니다. 그들은 처음에 '크리스마스 때까지는 나갈 거야' 하고 말하곤 했죠. 그러다가 크리스마스가 지나고 나면 '부활절까지는 나갈 거야' 하고 생각했습니다. 부활절이 지나면 추수감사절, 그리고 다시 크리스마스를 고대하죠. 그러다가 상심해서 죽는 것이지요."

많은 사람들이 상식적으로 생각해왔던 희망, 낙관주의와는 거리가 먼 충격적인 이야기였다. 희망이란 좋은 것이지만 막연한 희망은 결코 도움이 되지 않는다. 그것은 마치 로또 복권을 사 들고 앉아서 그것이 1등이 되기를 바라는 희망과 마찬가지다.

성공할 것이라는 단순한 믿음과 눈앞에 닥친 현실 속의 냉혹한 사실을 직시하는 것을 결코 혼동해서는 안 된다는 것이다. 근거도 없이 무작정 잘될 것이라는 긍정적 마인드만 있다고 해서 만사가 해결되는 것은 아니라는 얘기다.

단순한 낙관주의에 대한 경계를 '스톡데일 패러독스Stockdale paradox'라고 부른다.

많은 기업들이 위기가 닥치면 언젠가는 좋아질 것이라고 막연하게 기대하는 경향이 있다. 경제가 위기인데도 "봄이 지나면 좋아지겠지, 여름이 지나면 좋아질까? 올해가 지나면 좋아질 거야" 하며 대책 없는 막연한 희망만 가지고 있어서는 안 된다.

더 어려워질 수 있는 상황에 대비하고 단단히 각오도 해야 한다. 기업들이 위기를 극복하기 위해 준비하는 경영 전략 가운데 대표적인 것이 '시나리오 경영'이다.

시나리오 경영이란 한 기업에 영향을 줄 수 있는 다양한 변수들을 모두 고려해서 각각에 대한 대응 전략을 미리 짜두는 것을 말한다. 해당 상황이 실제로 발생했을 경우 신속하고 유연한 의사 결정을 통해 경영 우위를 확보할 수 있도록 하는 것이다.

시나리오 경영을 할 경우에는 잘 안 될 때를 가정한 차선책인 '플랜 B'를 항상 염두에 두고 있어야 한다.

스톡데일 장군은 포로수용소에서 이렇게 말했다고 한다.

"우리는 크리스마스 때까지는 나가지 못할 겁니다. 그에 대비하세요."

● 비즈니스 상식 ●

메이저리그 최고의 실패자, 베이브 루스

메이저리그 불멸의 홈런왕 베이브 루스는 통산 851개의 홈런을 날렸다. 하지만 그가 무려 1,330번이나 스트라이크아웃을 당했다는 것을 아는 사람은 많지 않다. 851번은 많은 사람들의 환호를 받으며 그라운드를 돌았겠지만 1,330번의 타석에서는 관중의 야유와 비난 가운데 더그아웃으로 들어가야 했다. 스트라이크아웃의 숫자만 놓고 봤을 때 베이브 루스는 아마 메이저리그에서 가장 실패한 선수일 것이다.

한 시즌에 무려 96개의 도루를 성공시킨 타이 콥 역시 메이저리그에서 이름난 실패자라고 할 수 있다. 96개의 도루를 성공시키기 위해 134번의 도루를 감행했고 그중 38번이나 실패했기 때문이다. 아마 평범한 선수들은 한 시즌에 도루를 38번이나 시도하기도 힘들 것이다.

베이브 루스는 홈런을 쳤을 때나 스트라이크아웃을 당했을 때나 늘 한결같은 표정을 지었다고 한다. 어쨌든 실패에 대한 두려움을 조금도 갖지 않은 것, 그것이 바로 베이브 루스를 메이저리그 역사상 가장 위대한 타자로 만들어준 비결이었다. 실패에 대해서 두려워할 필요가 없다. 가장 많은 실패를 한 사람이 가장 큰 성공을 거둘 수 있기 때문이다.

> ## 사고는 소리를 내면서 온다
> ### 하인리히 법칙

"콰콰광 쾅!"

1993년 2월 16일 정오가 조금 지난 시간, 미국 뉴욕에 위치한 세계무역센터가 화염에 휩싸였다. 빌딩은 온통 아비규환이었고 수많은 사람들이 멈춰 선 엘리베이터 대신 비상계단을 통해서 황급히 피신해야 했다.

많은 사람들이 이 장면에서 9·11테러를 떠올리겠지만 사실 이 사고는 9·11테러가 발생하기 8년 전에 일어났던 지하주차장 폭탄 테러였다. 큰 사고이긴 했지만 9·11테러와 비교하면 사소한 축에 속했다. 사망자도 다섯 명에 그쳤다.

당시 세계무역센터에 사무실을 두고 있었던 컨설팅 회사 딜로이트의 CEO인 윌리엄 파렛은 사고 이후 사무실을 다른 곳으로 옮겼다. 이 사고가 단순히 일회성으로 그치지 않고 더 큰 대형 사고의 전조가 될 것임을 직감했기 때문이다.

그러한 상황을 설명하는 용어로 '하인리히 법칙'이 있다. 하인리히 법칙이란 큰 재해가 있기 전에는 반드시 그 전조라고 할 수 있는 작은 재해들과 사소한 사고들이 발생한다는 법칙이다. 1920년대 미국의 한 보험 회사에서 근무하던 허버트 하인리히 Herbert Heinrich가 처음 발견해서 붙여진 이름이다.

예나 지금이나 보험 회사란 수많은 사고를 직접 보고 듣고 접하는 곳이다. 하인리히 역시 엔지니어링 및 손실 통제 부서에 근무하면서 업무상 많은 사고 통계를 접하게 됐다.

그는 실제로 발생했던 7만 5,000건의 사고를 정밀 분석했는데 그 과정에서 새로운 사실을 알게 됐다.

"사고가 발생하는 데는 분명히 어떤 일정한 패턴이 있군."

하인리히는 산업재해에 대한 분석 결과물을 정리해서 1931년 《산업재해 예방》이라는 책을 펴냈는데, 그 책에 바로 이 '사고의 법칙'에 대한 설명이 포함되어 있다.

하인리히는 이 책에서 사고가 발생하는 비율을 구체적 수치를 동원해서 통계적으로 증명했는데, 그것이 바로 '1:29:300의 법칙'이다.

다시 말해 큰 재해가 한 건 발생하기 전에는 작은 재해가 29번 발생하고, 또 재해는 아니지만 사소한 '사건 사고'가 300회 정도 발생했다는 것이다. 사고 발생에 대한 비율을 의미하는 1:29:300의 법칙이 바로 하인리히 법칙이다.

겉으로 볼 때 큰 사고는 어느 날 갑작스럽게 일어나는 것 같지만 표면적으로 그렇게 보일 뿐이다. 그 사고의 원인을 조금 더 자세히 분석해보면 사고가 발생하기 전에 끊임없는 신호를 보냈다는 것을 알 수 있다. 사람들이 그 신호를 보지 못하거나 보고도 외면했을 뿐이다.

멀쩡하게 바다를 운항하던 배가 갑작스럽게 가라앉거나 대형 백화점 건물이 하루아침에 폭삭 주저앉는 것이 아니다. 배의 갈라진 틈으로 계속 물이 새어 들어왔다거나 건물 벽에 금이 갔다거나 기둥 일부가 흔들렸다는 식의 사소한 증상이 있었을 것이다.

산업재해의 경우 더욱 그렇다. 어떤 우연한 사건에 의해 재해가 발생하는 것이 아니라 충분히 그럴 만한 개연성 있는 아주 작은 사고가 반복되는 과정을 반드시 거치게 마련이다.

하인리히 법칙은 산업재해를 분석하는 과정에서 발견됐으나, 최근에는 기업 경영이나 생산 및 조직 관리 등 다양한 분야에서 위기 예방을 위한 법칙으로 광범위하게 응용되고 있다. 1:29:300의 비율은 아니더라도 많은 기업들이 사소한 실수에서 발견되는 작은 단서를 통해 큰 위기를 예방할 수 있는 시스템을 가동하고 있다.

세계적인 물류 기업인 페덱스는 서비스 품질 수준을 최상으로 유지하기 위해 '1:10:100의 법칙'으로 불리는 특별한 품질 관리 제도를 운영하고 있다. 문제가 생길 경우 즉시 고치는 데는 1의 원가가 들지만, 책임 소재를 규명하거나 문책당할 것이 두려워 문제를 숨기고 그대로 기업의 문을 나서면 10의 비용이 들며, 이것이 고객 손에 들어가 클레임 건이 되면 100의 비용이 든다는 것이다.

우리 속담 "호미로 막을 것을 가래로 막는다"는 말과 같은 이치라고 할 수 있다. 작은 실수를 그대로 내버려뒀을 경우 그 비용이 적게는 10배, 크게는 100배까지 불어나는 큰 문제로 발전해 상황이 심각해진다는 뜻이다.

기업에 닥치는 위기 상황은 어떤 것이든 항상 그 위기를 알리는 '시그널'을 보낸다. 그 신호에 둔감하다면 하루아침에 가라앉는 배나 갑자기 무너지는 건물처럼 기업도 폭삭 주저앉고 말 것이다.

> **● 비즈니스 상식 ●**
>
> ## 현정은 회장의 못 이룬 '미시온 쿰플리다'
>
> 미시온 쿰플리다Mision Cumplida는 '임무 완수'라는 뜻의 스페인어로 지하에 매몰됐던 칠레 광부들의 구출 작전 과정에서 유명해졌다. 지하 700미터 갱도 아래 매몰된 지 69일 만에 기적적으로 살아 돌아온 칠레 광부들의 구출 과정에서 전 세계적으로 유명해진 말이다. 서른세 번째 마지막 광부를 구출한 구조대원들이 품속에서 꺼내 든 플래카드에 바로 '미시온 쿰플리다 칠레Mision Cumplida Chile, 임무 완수 칠레'라고 적혀 있었다.
>
> 국내에서는 현대그룹의 현정은 회장이 취임 7주년을 맞아 직원들에게 제시했던 메시지로 알려지면서 화제를 모으기도 했다. 현정은 회장은 현대차그룹과 맞선 현대건설 인수전에서 결코 물러나지 않겠다는 뜻으로 '미시온 쿰플리다'를 외쳤으나 결국 다 잡았던 대어를 놓치면서 임무 완수에 성공하지 못했다.

문제는 가장 사소한 곳에서 시작된다
깨진 유리창 법칙

"매일 강력 범죄로 사람들이 죽어 나가는 마당에 교통질서 단속이나 열심히 하겠다고? 뉴욕은 지금 경범죄 단속이 아니라 강력 범죄 소탕이 필요한 거 아니야?"

뉴욕 시가 사소한 질서부터 잘 지키도록 한다는 의미에서 경범죄를 엄격히 단속하겠다고 발표하자 뉴요커들은 화가 머리끝까지 치솟았다.

"강력 범죄에 맞설 자신이 없으니까 만만한 경범죄와 싸우겠다는 것 아니겠어?"

심지어 경찰의 능력에 대한 불신을 드러내며 비아냥거리는 사람들도 많았다.

불과 20여 년 전만 해도 뉴욕은 대낮에도 권총을 든 강도가 시내를 활보할 정도로 매우 위험한 도시였다. 범죄가 자주 발생하고 치안도 불안했다. 그런 위험천만한 도시에서 경찰의 대처가 미미하자 시민들이 폭발할 수밖에 없었던 것이다.

하지만 경범죄를 엄격히 단속하자 뜻밖의 효과가 나타났다. 뉴욕에서는 어떤 범죄도 허용하지 않는다는 강력한 메시지가 시민들에게 전달되면서 강력 범죄가 줄어들기 시작한 것이다. 별것 아닌 것 같은 사소한 범죄도 이 정도로 강력히 단속한다면 더 큰 범죄는 더 이상 말할 필요가 없다는 얘기였다.

아주 작고 사소한 단점이나 실수로 전체 이미지를 판단하는 것을 '깨진 유리창 법칙'이라고 한다. 길을 가다 무심코 들어간 건물 화장실의 유리창이 지저분한 상태로 깨져 있다면 아마 그 건물 주인에 대해 화장실 관리는 물론이고 건물의 다른 부분에도 별로 주의를 기울이지 않는 사람이라고 생각할 것이다. 그리고 그 화장실을 아무렇게나 써도 된다고 생각할 것이다.

깨진 유리창 법칙은 범죄학자인 제임스 Q. 윌슨James Q. Wilson과 조지 L. 켈링George L. Kelling이 1982년 월간 〈애틀랜틱〉에 '깨진 유리창'이라는 제목의 글을 발표하면서 알려졌다. 원래는 범죄 문제를 해결하는 과정에서 나왔는데, 유리창처럼 사소한 부분을 그대로 방치하면 나중에 큰 범죄로 이어지게 된다는 범죄심리학 이론이다.

최근에는 비즈니스 분야에서 깨진 유리창 법칙이 활발히 적용되고 있다. 기업 입장에서 깨진 유리창이란 고객이 한 번 겪은 불편, 불친절한 한 명의 직원, 매장 벽의 벗겨진 페인트칠 등 매우 사소한 부분이다.

100명의 직원 중 99명이 친절하다고 해도 단 한 명으로부터 불친절한 서비스를 받으면 그 매장을 불친절하게 생각하고 떠나버리게 된다. 그 한 명의 불친절한 직원이 바로 '깨진 유리창'이다.

기업들이 깨진 유리창에 대해 별로 신경을 쓰지 않는 것은 뉴욕 시민들의 생각과 흡사하다. 기업을 살리는 것은 장기적인 미래 전략이나 비전이지 사소한 매장 직원 한 명이나 벗겨진 페인트칠이 아닐 것이라고 생각하기 때문이다.

하지만 기업의 사소한 실수가 결국은 그 기업을 쓰러뜨리는 단초가 된다. 1980~1990년대까지 월마트와 어깨를 나란히 했던 미국의 유통기업 K마트는 불친절한 서비스와 방만한 경영으로 파산 일보 직전까지 갔었다. 고객들은 친절한 분위기에 싸고 질 좋은 상품을 원했지만 성공으로 거만해진 K마트는 매장에서 일어나는 고객의 요구에 반응하는 대신 전 세계적인 출점 계획에만 골몰했다.

코카콜라의 뉴코크 계획도 깨진 유리창의 대표 사례라고 할 수 있다. 전통적인 코카콜라의 맛을 원하는 고객들의 목소리는 듣지 않은 채 모든 코카콜라를 '뉴코크'로 대체한다는 원대한 계획을 세웠지만 고객들의 강력한 반발로 계획을 접어야 했다. 당시 78일 동안 무려 40만 통의 항의 편지와 전화가 쏟아졌다고 한다. 펩시에 추격을 허용했음은 물론이다.

《깨진 유리창 법칙》이라는 책을 집필한 마이클 레빈$^{Michael\ Levine}$이 주장했던 깨진 유리창 법칙 네 가지는 다음과 같다.

첫째, 사소한 곳에서 발생하며 예방이 쉽지 않다. 둘째, 문제가 확인되더라도 소홀하게 대응하며 문제가 커진 뒤 치료하려면 몇 배의 시간과 노력이 필요하다. 셋째, 투명 테이프로 숨기려 해도 여전히 보인다. 넷째, 제대로 수리하면 큰 보상을 가져다준다.

뒤로 넘어져도 코가 깨진다고?
머피의 법칙 | 샐리의 법칙

"친구들과 미팅을 갔었지, 뚱하고 못생긴 애 있길래, 와 쟤만 빼고 다른 애는 다 괜찮아, 그래도 꼭 개랑 나랑 짝이 되지, 내가 맘에 들어 하는 여자들은 꼭 내 친구 여자 친구이거나, 우리 형 애인 형 친구 애인 아니면 꼭 동성동본, 세상에 어떻게 이럴 수가 나는 도대체 되는 일이 하나 없는지……."

하는 일마다 나쁜 방향으로 일이 계속 꼬인다는 '머피의 법칙'이다. 가수 DJ DOC의 히트곡으로도 유명해서 아마 이 법칙을 모르는 사람은 거의 없을 것이다. "안되는 사람은 뒤로 넘어져도 코가 깨진다"는 우리 속담과 딱 들어맞는 법칙이다.

머피의 법칙이 오랜 연구나 특별한 실험을 통해서 얻어진 결과는

아니다. 누군가가 그런 경험을 이야기하자 많은 사람들이 "나도 그런 일이 있었지" 하면서 꼬리에 꼬리를 물고 이어져온 형태라고 할 수 있다. 우리 식으로 따지면 '최불암 시리즈'나 '사오정 시리즈' 같은 형식이다.

그렇다고 해도 원조는 있다. 머피의 법칙의 주인공인 머피는 미국 공군 대위인 에드워드 머피 2세로 알려져 있다. 머피 대위는 자신이 설계한 실험 도구가 번번이 작동하지 않는 것이 한 기술자가 배선을 연결할 때 사소한 실수를 저질렀기 때문임을 발견했다.

그런 경험을 토대로 "여러 방법 중에서 안 되는 방법이 한 가지 있다면 누군가는 꼭 그 방법을 쓰게 된다"는 인생 법칙을 만들었다.

영국 BBC 방송의 한 과학 프로그램에서는 머피의 법칙이 과연 근거가 있는지 직접 실험을 하기도 했다. 서양 사람들이 일상생활에서 자주 겪는 '버터 바른 토스트'에 대한 실험이었다.

바쁜 아침 출근 준비를 하면서 서둘러 토스트에 버터를 바르다보면 실수로 토스트를 바닥에 떨어뜨릴 때가 있는데, 그때마다 버터를 바른 부분이 꼭 바닥에 떨어진다는 머피의 법칙을 실험한 것이다.

공중에서 버터 바른 토스트를 300번 떨어뜨린 결과 버터를 바른 쪽이 바닥에 떨어진 경우가 152번, 그렇지 않은 경우가 148번 나왔다. 버터를 바른 쪽이 몇 번 더 나오기는 했지만 의미를 둘 만한 차이는 아니었다. 결국 머피의 법칙은 많은 사람들의 착각이었다는 결론이었다.

하지만 그 실험에는 이론의 여지가 있었다. 그냥 토스트를 떨어뜨리는 것이 아니라 버터를 바르는 도중에 떨어뜨리는 상황이라면 결과가 달라질 수도 있다는 것이다. 버터를 바르고 있을 때라면 당연히 버터를 바른 면이 위쪽으로 가 있는데, 물리학적으로 식탁 높이나 사람의 손 높이에서 떨어질 경우 토스트가 완전히 한 바퀴를 회전할 만큼 지구의 중력이 강하지 않다는 논리다.

머피의 법칙과 정반대되는 개념으로 '샐리의 법칙'이 있다. 머피가 하는 일마다 항상 잘 안 되는 것과 달리 샐리는 하는 일마다 늘 잘 된다.

샐리의 법칙의 샐리는 영화 〈해리가 샐리를 만났을 때〉의 여주인공이다. 샐리가 좌충우돌하면서도 결국 해리와의 사랑을 이룬 데서 유래한 법칙이다. "잘되는 집안은 뭘 해도 잘된다"는 긍정의 법칙이다.

　머피의 법칙이나 샐리의 법칙이 특별한 것은 아니다. 살다보면 잘되는 일도 있고 안되는 일도 있기 마련이다. 잘될 때는 별 느낌이 없다가 안될 때만 더 의식이 되는 것이 머피의 법칙이고, 안되는 일은 신경을 쓰지 않고 잘되는 일만 생각하는 것이 결국 샐리의 법칙인 셈이다.

● 비즈니스 상식 ●

전략은 무시무시한 전쟁 용어?

기업 활동에 사용되는 표현 중에는 군사 용어나 전쟁 용어들이 유난히 많다. 광고 전략, 홍보 전략, 마케팅 전략 등의 표현에 자주 사용되는 '전략strategy' 이라는 말도 대표적인 전쟁 용어 중 하나다. 1960년대까지만 해도 전쟁을 제외하면 정치 분야에서 가끔 사용되는 정도였다.

경영학의 아버지로 불리는 피터 드러커는 전략이라는 용어와 관련된 재미있는 일화를 하나 남기고 있다. 드러커가 1964년 출판한 《성과 경영Management of Result》이라는 책의 원래 제목은 '비즈니스 전략Business Strategies'이었는데, 출판사가 시장조사를 해보고 나서 제목을 바꾸었다고 한다. 전쟁에서나 사용되는 용어를 경영에 갖다 붙이는 것이 너무 낯설게 느껴졌기 때문이다.

우연을 행운으로 바꾸는 마법
세렌디피티 효과

"세렌디피티. 제가 가장 좋아하는 단어 중 하나죠. 난 모든 일이 운명이라고 생각해요."

"모든 것이 운명이라고요? 우리는 아무런 선택권도 없다고요?"

"우리는 그저 나름대로 결정을 할 뿐이죠. 운명이 우리에게 어떤 신호를 보내는데 그 신호를 어떻게 읽느냐에 따라 우리가 행복해질지 아니면 그 반대가 될지 결정되는 것 같아요."

할리우드의 명배우 존 쿠삭과 케이트 베킨세일이 주연한 영화〈세렌디피티〉는 크리스마스이브에 뉴욕의 한 백화점에서 우연히 만난 두 남녀의 운명적 러브스토리를 담고 있다. 영화나 소설이 아니라면 불가능할 것 같은 우연이 계속 일어나지만 결국은 사랑이 이루어진다는 내용이다.

'세렌디피티serendipity'는 생각지 못한 것을 우연히 발견하는 능력, 행운을 불러일으키는 힘이라는 의미를 가진 단어다. 이 말은 페르시아의 옛 우화《세렌디프의 세 왕자 The Three Princes of Serendip》에서 유래됐다. 이 우화에 등장하는 세 명의 왕자들이 그런 능력을 가지고 있었기 때문이다.

이 말이 '우연으로 인한 대발견'이라는 의미로 사용되기 시작한 것은 18세기 영국의 작가 호레이스 월폴Horace Walpole에 의해서다.《세렌디프의 세 왕자》를 감명 깊게 읽은 월폴은 친구에게 편지를 보냈다.

"우연에 따른 대발견을 앞으로 '세렌디피티'라고 불러야겠네."

세상을 바꾼 히트 상품 중에도 '세렌디피티'처럼 원래 의도와는 전혀 상관없이 우연한 기회에 행운처럼 얻어진 것들이 많다. 이러한 우연적인 발견을 '세렌디피티 효과'라고 부른다. 세렌디피티 효과는 주로 과학적인 발견에 많이 등장하고 있다.

가난 때문에 초등학교를 중퇴하고 어린 시절부터 전자 회사에서 단순 노동자로 일을 하던 퍼시 스텐서는 열심히 노력한 끝에 입사 20년이 지난 후 기술자가 되어 그렇게도 원하던 전자관을 자기 손으로 직접 만들 수 있게 됐다.

새로운 업무를 맡아 정신없이 일하던 스텐서는 어느 날 주머니에 손을 넣었다가 깜짝 놀랐다. 간식으로 먹으려고 했던 사탕과 초콜릿이 다 질퍽하게 녹아 있었던 것이다.

"참 이상한 일이군. 주변에 열을 내는 물질도 없는데 어떻게 이 사탕과 초콜릿이 다 녹아버린 거지?"

이튿날 스텐서는 간식으로 옥수수와 달걀을 준비해서 작업대 근처에 놓아두었다. 그런데 이번에도 옥수수와 달걀이 마치 방금 불에 조리한 듯 익어 있는 것을 발견했다.

"뭔가 분명히 이유가 있어."

이상하게 생각한 스텐서는 연구에 몰두한 끝에 새로운 사실을 하나 발견해냈다. 극 초고주파가 직접적인 열이 없어도 음식물을 익힐 수 있다는 사실이다. 그러한 발견이 바로 주방의 필수품으로 각광받고 있는 전자레인지의 발명으로 이어졌다.

3M의 포스트잇은 접착용 풀을 담당하는 직원이 원료를 잘못 배합

하는 과정에서 우연히 탄생한 제품이다. 접착제는 한 번 붙이면 절대 떨어지지 않도록 단단한 접착력을 가지고 있어야 한다. 하지만 한 직원의 우연한 실수 때문에 접착력이 거의 없어 살짝만 건드려도 떨어지는 '불량품'이 탄생하고 말았다.

하지만 우연한 기회에 만들어진 '불량' 접착제는 메모를 붙였다 떼었다 하는 사람에게는 필요할지 모른다는 생각에 '임시로 붙였다가 흔적 없이 떨어지는 메모지'라는 새로운 상품 개발로 이어졌다.

의사이면서 요양원을 경영하던 존 하비 켈로그 박사는 환자들을 위해 영양가 높고 맛있는 대체 곡물에 대한 실험을 하고 있었다. 여러 차례 실패를 거듭하던 켈로그는 주방에서 옥수숫가루를 반죽하다 급한 일이 생겨 자리를 비웠다. 그가 다시 돌아왔을 때 반죽은 더 이상 사용할 수 없는 상태가 되고 말았다.

"이런, 반죽이 다 말라서 단단하게 굳어버렸군. 버릴 수도 없고."

켈로그는 반죽을 그냥 버리기 아까워 롤러 압축기에 밀어 넣었는데 뜻밖에도 얇고 딱딱한 조각들이 부서져 나왔다.

"음, 이거 괜찮은데. 이 조각들을 구워서 우유에 말아 환자들에게 제공해보면 어떨까?"

반응은 폭발적이었다. 전 세계인의 아침 식사로 사랑받고 있는 콘플레이크도 이렇게 우연한 실수로 탄생됐다.

우연이라고 말할 수밖에 없는 행운으로 회사를 세계적인 기업으로 키운 대표적인 인물은 바로 교세라의 이나모리 가즈오 회장이다. 교세라의 대표 상품이 된 파인세라믹은 교토의 보잘 것 없는 유리 회사에서 이름 없는 연구원이 거의 맨손으로 이루어낸 결과물이었지만 세계적 기업인 GE에 필적하는 성과를 거두었다.

이나모리 가즈오 회장은 그것은 결코 우연이 아니며 재능이 가져온 결과도 아니라고 말했다. 불타는 정열과 진지하고도 끊임없는 노력의 결과, 미치광이라는 소리를 들을 정도로 열심히 일한 결과라고 말했다. 열심히 일하는 자에게 '세렌디피티'가 찾아온다는 얘기일 것이다.

• 비즈니스 상식 •

얼굴 빨개지지 않을 만큼만 해라

"거래처 사람에게 이렇게 비싼 음식을 얻어먹어도 될까?"
윤리경영이 강화되면서 기업들이 거래처와의 관계, 고객과의 관계 등에 대해 직원들에게 엄격한 윤리적인 잣대를 들이대고 있다. 그러다보니 외부 사람들과 식사를 하거나 접대를 받을 때도 조심스러울 수밖에 없다.
그런데 그 윤리라는 것이 무 자르듯 잘라지는 것은 아니다. 5,000원짜리 밥을 얻어먹는 것은 되고 1만 원짜리 밥은 얻어먹으면 안 되는 것일까? 이런 무수한 상황을 한마디로 정리해주는 편리한 원칙이 있다.
바로 '빨간 얼굴 테스트 Red Face Test'다. 빨간 얼굴 테스트는 윤리학에서 사용하는 용어로, 자신의 행동이나 결정이 신문에 났거나 자신의 가족 앞에서 그 일을 설명할 때 얼굴이 붉어질 것 같으면 하지 말라는 것이다. 얼굴이 붉어진다는 것은 곧 결점을 가지고 있고 잘못된 행동이나 결정을 했다는 의미이기 때문이다. 구체적인 금액이나 기준을 두는 대신 개인의 양심과 신념에 따라 행동하라는 메시지이기도 하다.

확대냐 안정이냐, 그것이 문제로다
알렉산더 딜레마

"저 강만 건너면 이제 동쪽 세계의 끝에 도달하게 된다. 세계의 끝에 도달하여 그곳에 기필코 내 이름을 새겨 넣으리라."

알렉산더 대왕은 이집트를 정복하고 페르시아를 넘어서 거침없이 동쪽으로, 동쪽으로 진군하고 있었다. 이제 인더스 강 하나만 건너면 그들이 생각했던 동쪽 세상의 끝인 인도에 도달할 것이라고 생각했다. 하지만 강을 건너도 결코 세상의 끝은 나타나지 않았다.

게다가 그곳에서 생각보다 강한 원주민들의 거센 저항에 부딪혔고 무더위와 부족한 식량은 군대의 발목을 붙잡았다. 군인들은 싸울 의지를 잃고 집으로 돌아가고 싶어 했다.

"지금까지 정복한 땅을 잘 지킬 것인가, 아니면 세계의 끝을 향해 계속 정복에 나설 것인가?"

알렉산더 대왕이 동방 원정에 나서면서 고비마다 끊임없이 겪어온 고민이었다. 이것이 비단 정복자에게만 해당되는 문제는 아닐 것이다. 작은 규모의 개인 사업자에서부터 글로벌 기업의 CEO까지 모든 경영자들이 공통적으로 겪게 되는 고민이다.

성공한 한 분야를 잘 관리해 해당 분야에서 전문 기업으로 내실을 다지느냐, 아니면 모처럼 찾아온 기회에 적극적으로 투자해 사세를 확대시키느냐 하는 것이다.

이처럼 핵심 사업의 유지와 사업 확장 간에 발생하는 전략적 갈등을 '알렉산더 딜레마'라고 부른다. 2,300여 년 전 알렉산더 대왕의 무수한 고민에서 가져온 용어다.

그 답의 힌트를 알렉산더 대왕의 사후에서 얻을 수 있을지도 모른다. 알렉산더 대왕의 제국은 그가 죽은 지 불과 몇 년 만에 와해됐고 그가 정복했던 영토들도 모두 떨어져 나갔다.

알렉산더 대왕은 전쟁을 치르는 단기적 전술에 탁월했지만 제국을 다스릴 만한 장기적 전략은 갖고 있지 못했다. 신속하게 영토를 확장하는 데까지는 성공했지만 핵심 지역에 자원을 전략적으로 배치하는 데는 실패했기 때문이다.

● 비즈니스 상식 ●

알렉산더는 어떻게 고르디우스의 매듭을 풀었을까?

아무리 애를 써도 잘 풀리지 않는 힘들고 복잡한 문제를 이야기할 때 가끔 '고르디우스의 매듭'이라는 표현을 쓰기도 한다. 고르디우스의 매듭은 그리스 신화에 나오는 고르디우스 왕과 관련되어 있다.

고르디우스는 프리지아의 왕으로 농부의 아들이었던 그가 왕이 되자 신전에 마차를 묶어 기념했는데 그 매듭이 매우 복잡하게 꼬여 있었다. 뒤에 이 매듭을 푼 자가 아시아의 지배자가 될 것이라는 신탁이 전해졌고, 많은 사람들이 이 매듭을 풀기 위해 도전했으나 모두 실패하고 말았다.

마침내 기원전 333년 원정길에 나선 알렉산더 대왕이 고르디우스 매듭과 마주치게 되었다. 알렉산더 대왕은 조금도 망설임 없이 그 매듭을 풀어 사람들을 놀라게 했다. 알렉산더 대왕은 일일이 손으로 매듭을 푼 것이 아니라 단

> 칼에 매듭을 잘라버림으로써 한 번에 매듭을 풀어버린 것이다.
> 알렉산더 대왕이 고르디우스의 매듭을 푼 문제 해결 과정은 콜럼버스가 달걀을 세운 것에 비견되기도 하며, 문제 해결에 대한 새로운 접근과 발상의 전환이라는 면에서도 신선한 자극을 주고 있다. 하지만 잘라버린 매듭에서 그의 실패를 예견하기도 한다. 단칼에 매듭을 자르면서 아시아의 정복자가 됐지만 불과 몇 년 지나지 않아 다시 정복한 땅들을 모두 내줄 수밖에 없었다. 만약 알렉산더 대왕이 칼이 아니라 손으로 직접 매듭을 풀 수 있는 인물이었다면 그의 제국도 더 오래 유지되지 않았을까?

서양에도 손자병법이 있다고?
란체스터 법칙

"공중에서 벌이는 전쟁이라… 음, 전투기들끼리 맞붙으면 과연 어떤 결과가 나올까? 궁금증이 생기는걸?"

제1차 세계대전은 인류 역사상 전투기가 처음 등장한 전쟁이었다. 총이나 칼을 들고 땅 위에서 싸우던 전쟁에서 벗어나 처음으로 비행기를 통해서 공중에서 전쟁을 벌인 것이다. 재래식 전쟁과 싸움의 양상이 크게 달랐기 때문에 그 결과에 대해서도 모두가 낯설어했고, 전쟁에 직접 참여하고 있던 나라들 입장에서는 적군의 전략을 분석하는 데도 어려움을 겪었다.

당시 영국에 살았던 과학자이자 발명가인 프레드릭 란체스터

Fredrick W. Lanchester는 공중전에 대해 지대한 관심을 갖고 있었다. 그는 항공 이론가로서 제1차 세계대전에 사용된 항공기 엔진 설계에 참여한 경험도 있었기 때문에 공중전에 따른 양측의 손실과 생존율에 대해서도 깊은 관심을 가질 수밖에 없었다. 공중전과 관련된 실제 사례들을 분석하면서 란체스터는 뜻밖의 사실을 발견했다.

"놀랍군! 지상전하고는 전투 결과가 전혀 다른 양상으로 나타나고 있잖아."

그를 놀라게 했던 것은 바로 전력 차이에 대한 부분이었다.

"영국군 다섯 명과 독일군 세 명이 한쪽의 전력이 0이 될 때까지 전투를 벌인다면 그 결과는 어떻게 될까?"

아마 산술적으로 계산한다면 영국군 두 명이 살아남는 것이 정답일 것이다. 그러한 계산에 근거한다면 양쪽 군대의 전력 차이도 5:3 정도라고 표현할 수 있다.

하지만 전투기를 앞세운 공중전은 달랐다. 제1차 세계대전 중에 일어난 수많은 공중전의 사례들을 분석한 결과 5:3 정도가 아니라 한 대라도 전투기가 많은 쪽의 전력이 압도적인 강세를 보이는 것으로 나타났다.

수학에도 밝았던 란체스터는 전력차를 숫자로 계산했는데, 그 결과 단순히 5:3이 아니라 각 숫자의 제곱을 의미하는 $5^2:3^2$이 된다는 것을 알아냈다. $5^2:3^2=25:9$, 즉 5:1.8의 전력 차가 생기게 된다. 이러한 전력의 '승수효과 multiple effect'가 바로 란체스터 법칙이다.

란체스터 법칙은 현대의 기업 경영자들에게도 새로운 메시지를 던지고 있다. 매스미디어가 발달할수록 기업들의 광고, 홍보, 마케팅 전략도 마치 전투기에서 폭탄을 퍼붓는 것 같은 '공중전'을 닮아가고 있다는 것이다. 어차피 기업 간의 경쟁 또한 또 다른 전쟁이 아닌가.

란체스터 법칙의 핵심은 초기 투입 전력이다. 이것을 시장에 대입해보면 초기에 시장점유율 우위를 차지한 기업이 압도적 우위를 차지할 수 있다는 논리다. 기업들이 초기 시장점유율에 사활을 거는 것도 바로 이 때문이다.

일반적으로 시장점유율에서 뒤처진 기업이 1위를 따라잡기란 매우 어려운 상황이 되고 있다. 시장점유율 차이가 2:1일 때 승수효과를 적용하면 네 배의 노력이 필요하다. 1위 업체보다 네 배 이상 좋은 제품이나 기술을 갖고 있지 않으면 선두를 따라잡기 매우 어렵다는 의미다.

기업의 영향력이나 수익률도 승수효과로 설명할 수 있다. 시장점유율이 7:3인 두 기업이 있다면 수익률 차이 역시 승수효과가 적용되어 49:9, 즉 7:1.2가 된다.

요즘 기업 경영의 현장은 포탄이 쏟아지는 전쟁터보다 더 경쟁이 치열해졌다. 경쟁에서 이기지 못한 기업들은 전투에서 패한 군인과 마찬가지로 살아남을 수 없게 됐다. 기업 경영에 전쟁 이론인 병법兵法이 많이 사용되는 것도 바로 이 때문이다.

기업 경영에 자주 등장하는 병법서로 동양에 《손자병법》이 있다면, 서양에는 '란체스터 법칙'이 있다. 제1차 세계대전 이후에 등장한 란체스터 전략은 《손자병법》에 비해 역사는 일천하지만 미국 육군 전략의 기본 개념으로 사용될 정도로 가치를 높게 평가받고 있으며 기업의 마케팅 활동에까지 응용되고 있다.

큰 회사 셋만 살아남는다
빅3 법칙

"어떤 자동차를 사는 것이 좋을까요?"

"글쎄요. 자동차 회사가 1,000개도 넘는데 어떤 것을 골라야 할지……."

자동차가 처음 판매되기 시작한 20세기 초반만 해도 미국의 자동차 회사 수는 셀 수 없을 정도로 많았다. 1895년부터 1926년까지 약 30년 동안 설립된 자동차 회사만도 1,100개가 넘었다고 하니, 자동차 만드는 회사가 동네 카센터만큼이나 많았던 셈이다.

지금처럼 대량 생산 방식이 아니라 가내 수공업 형태로 일일이 자동차를 만들던 시대였기 때문이다. 1,000개가 넘는 자동차 회사 중에는 실제로 깡통만 두드리다가 자동차 한 대도 못 만들어보고 끝난 회사들도 많았다.

포드자동차가 컨베이어벨트를 통한 대량 생산 시스템으로 T모델을 생산하기 시작하면서 20년간 자동차 시장을 독주했고, 그 뒤를 이어 탁월한 제품 전략을 앞세운 GM이 등장하며 미국 자동차 산업도 서서히 틀을 잡아갔다.

자동차 관련 기술이 발달하고 시장 규모가 커지면서 기업 간 통폐합이 빠른 속도로 진행됐으며 1,000개가 넘던 자동차 회사도 차츰 압축되어갔다. 현재는 GM과 포드, 그리고 다임러크라이슬러의 주요 세 기업이 미국 전체 자동차 시장을 주도하고 있는 상황이다. 흔히 미국의 자동차 시장을 언급하면서 '빅3'라고 하는 것도 바로 이 세 기업을 지칭하는 말이다.

빅3가 단순히 세 개의 회사를 의미하는 것은 아니다.

"모든 시장에는 빅3가 있습니다. 3이라는 숫자에 바로 시장 경쟁의 법칙이 숨어 있기 때문이죠."

미국의 경영 전문가인 잭디시 세스Jagdish Sheth와 라젠드라 시소디어Rajendra Sisodia는 《빅3 법칙》이라는 책에서 흥미로운 경쟁의 법칙을 설명하고 있다.

어떤 새로운 시장이 처음 열리면 수많은 기업이 뛰어들어 혼전 양상을 보이게 된다. 여기에는 구멍가게에서부터 대기업에 이르기까지 다양한 업종과 규모의 회사들이 참여한다. 초기의 경쟁 상황이 이어지다가 어느 시점에 이르게 되면 시장이 새롭게 재편되기 시작한다. 살아남는 자와 사라지는 자의 구분이 시작되는 것이다.

초기 경쟁 상황이 마무리되고 나면 곧 시장은 안정기로 접어드는데 이 과정에서 자연스럽게 시장점유율 상위 3위까지 포함되는 빅3와 나머지 소규모 도토리 군단의 형태로 구성된다. 이것은 업종과 상관없이 비슷한 형태를 띠고 있으며, 종합적 성격의 제너럴리스트 빅3 기업과 틈새를 공략하는 스페셜리스트 전문기업들만 살아남을 수 있다는 주장이다.

시장 규모도 일정한 양상을 보이는데 빅3 세 기업의 점유율을 합친 것이 약 70퍼센트 선이며 30퍼센트는 나머지 군소 기업들이 나눠 갖게 된다. 또 빅3의 비중 70퍼센트 가운데 1위 기업이 40퍼센트, 2위가 그 절반인 20퍼센트, 3위가 다시 그 절반인 10퍼센트를 차지하게 된다.

"이러한 비중이 모두가 생존할 수 있는 황금분할이고 경쟁 시장의 자연 법칙이기 때문이죠."

잭디시 세스와 라젠드라 시소디어는 우리 주변의 많은 분야에서 빅3의 형태로 시장을 지배하고 있다고 말한다.

주변을 둘러보니 괜한 말은 아닌 것 같다. 백화점 업계의 롯데·현대·신세계, 가전 업계의 삼성전자·LG전자·대우일렉트로닉스, 이동통신 분야의 SK텔레콤·KT·LG유플러스가 각 분야에서 빅3로 시장을 주도하고 있는 회사들이다.

물론 모든 분야에 빅3 법칙이 적용되는 것은 아니며, 잭디시 세스의 주장처럼 그 비율이 일정한 것도 아니다. 중요한 것은 빅3 법칙을 잘 활용하면 후발주자로 시장에 진입할 때 그 경쟁의 틈새를 노릴 수 있다는 점이다. 또 경쟁에서 밀려날 때도 스스로를 업계 내에서 전략적으로 포지셔닝할 수 있다는 점이다. 제너럴리스트가 되든지, 스페셜리스트가 되든지 말이다.

● 비즈니스 상식 ●

위기 대응 위한 세 가지 시스템

위기 대응을 위한 방법 가운데 최근 주목을 끌고 있는 것이 마케팅의 아버지로 불리는 필립 코틀러의 '카오틱스Chaotics 경영 시스템'이다. 코틀러에 따르면 기업은 불확실성에 대응하기 위해 세 가지 시스템을 구축해야 한다. 첫 번째는 위기를 측정·예고하는 조기경보 시스템, 두 번째는 예측 가능한 위기 상황별로 시나리오를 구성해 실행 순서를 정하는 시스템, 세 번째는 신속하게 대응할 수 있는 시스템이다. 즉 조기경보—시나리오 구성—신속 대응의 순서로 위기 상황을 기회로 전환시켜야 한다는 것이다.

지은이 정재학

경영콘텐츠연구소 소장. 작가. 중앙일보 〈iWeekly〉 기자와 일본 주간지 〈BCN〉의 서울 주재기자, 한겨레 〈이코노미21〉 객원기자 등 10여 년 이상 경제 경영 전문 기자로 활동했다. 기업 경영의 성공 비결과 개인들을 위한 자기 경영에 관심을 갖고 있으며, 딱딱하고 어려운 경제 경영 이론들을 어떻게 하면 쉽게 전달할 것인가에 대해 고민하고 있다. 경제 경영 상식들을 이해하기 쉽게 정리한 《경제상식사전2: 세계경제편》, 《CEO필수상식사전》, 《경제상식퀴즈》, 《주식부자로 만드는 하루 한마디》 등의 책을 집필했으며 다양한 기업의 경영 혁신 현장을 직접 취재해 책으로 엮기도 했다.

비즈니스를 위한 법칙상식

1판 1쇄 인쇄 2011년 5월 11일
1판 1쇄 발행 2011년 5월 18일

지은이	정재학
그린이	강모림
펴낸이	고영수
펴낸곳	추수밭
등록	제406-2006-00061호(2005.11.11)
주소	135-816 서울시 강남구 논현동 63번지
	413-756 경기도 파주시 교하읍 문발리 파주출판도시 518-6번지 청림아트스페이스
전화	02)546-4341
팩스	02)546-8053

www.chungrim.com
cr2@chungrim.com

ⓒ 정재학, 2011

ISBN 978-89-92355-67-4 03320

잘못된 책은 바꿔드립니다.